DONNE
&
CARRIERA

Mrs Moneypenny
con Heather McGregor

DONNE & CARRIERA

Consigli *smart* per lavoratrici ambiziose

EDITORE ULRICO HOEPLI MILANO

Titolo originale: *Mrs Moneypenny's Careers Advice for Ambitious Women*

First published in Great Britain in the English language
by Penguin Books Ltd.

Per l'edizione italiana

via Hoepli 5, 20121 Milano (Italy)
tel. +39 02 864871 – fax +39 02 8052886
e-mail hoepli@hoepli.it

www.hoepli.it

ISBN 978-88-203-5178-6

Ristampa:

4 3 2 1 0 2012 2013 2014 2015 2016

Traduzione: Cristina Volpi

Realizzazione editoriale: Maurizio Vedovati – Servizi editoriali (info@iltrio.it)
Redazione: Francesca de Robertis
Impaginazione: Sara Taglialegne

Stampa: L.E.G.O. S.p.A., stabilimento di Lavis (TN)

Printed in Italy

Tre sono le donne di cui seguo con interesse la carriera e che hanno sostenuto la mia, soprattutto nell'ultimo anno.

Jane Lunnon, ambiziosa vicepreside, che per le sue allieve mi ha chiesto di ideare una presentazione dalla quale è nata l'idea di questo libro.

Helen Conford, ambiziosa editor, che per il proprio editore mi ha chiesto di scrivere il libro.

Susan Leon, ambiziosa manager nel settore discografico, che per i suoi clienti ha voluto incontrarmi, cosa che, conseguentemente, mi ha permesso di guadagnare la fiducia di centinaia, se non migliaia, di donne ambiziose.

Grazie a tutte.

Questo libro è dedicato a voi tre.

LE AUTRICI

Da dodici anni MRS MONEYPENNY intrattiene i lettori del *Financial Times* con i suoi punti di vista sugli argomenti più disparati, da come vestirsi al lavoro alla ceretta. Gestisce un'attività in proprio mentre si destreggia tra tre figli (i Centri di Costo n° 1, n° 2 e n° 3) e un marito golf-dipendente. Ha al proprio attivo un mutuo consistente, vari titoli accademici dotati di inutilità variabile e una passione per la caccia a uccellini innocenti. Conduce la trasmissione *Superscrimpers* su Channel 4 ed è andata in onda persino dall'Edinburgh Festival Fringe, da Broadway e dall'Hay Festival.

HEATHER MCGREGOR è uno dei più noti *headhunter* di Londra. Gestisce ed è proprietaria della Taylor Bennett, una società specializzata nell'*headhunting* di manager; insegna inoltre alla Cass Business School e alla London Business School.

www.MrsMoneypenny.com

SOMMARIO

INTRODUZIONE

Se sei una donna di quindici anni, di cinquantuno o di qualunque altra età, e vuoi puntare in alto, questo libro fa per te.

L'unico requisito è essere certa di voler fare carriera. Se sei il tipo che si accontenta di trascinarsi sui fondali della vita, forse preferirai leggere un thriller; se invece sei una che mira all'ossigeno sopra il pelo dell'acqua, leggi questo.

Poi passalo a chi vuoi.

Contiene i dieci punti chiave che le donne devono sapere per avere successo. Avrei voluto saperli anch'io a quindici anni, a venti e persino a trentacinque. Sono convinta di avere raggiunto grandi obiettivi, ma se avessi saputo tutto questo, sarebbero stati anche più sorprendenti.

Come ho imparato queste cose?

Con l'osservazione e l'esperienza.

L'osservazione è uno strumento potente, soprattutto se accompagnata dalla curiosità. Per lavoro incontro centinaia di donne all'anno, ognuna in un momento diverso della carriera e quando conosco una donna interessante, fonte d'ispirazione, divento una spugna.

Cosa la porta ad alzarsi la mattina?

Come ha intenzione di arrivare allo scopo che si è prefissata nella vita?

Chi, o cosa, l'ha aiutata a raggiungere i propri obiettivi fin qui?

Se non posso chiederglielo direttamente, osservo, faccio ricerche, interpello altri che la conoscono.

Come ha fatto Indra Nooyi a finire a capo della PepsiCo?

E Janet Robinson a capo della New York Times Company?

E Fiona Reynolds a capo del National Trust del Regno Unito, organizzazione con 55.000 volontari che, tra le altre cose, si occupano di 700 miglia di coste britanniche?

Che dire di alcune donne che ho conosciuto, come Gail Kelly? Come ha fatto a finire a capo della Westpac, una delle maggiori società australiane? Su di lei ho letto di tutto.

Poi sperimento di persona. Ormai da tempo svolgo un'attività di successo e so, per esperienza, quali azioni l'hanno favorita e quali l'hanno frenata. Tengo una rubrica settimanale su *Weekend Financial Times* e le donne di tutto il mondo mi scrivono esprimendo le proprie opinioni. Di recente ho presentato una trasmissione televisiva che mi ha portata a incontrare molte donne affermate nell'ambito mediatico e a capire che le loro carriere di successo sono costellate da elementi comuni.

Questo libro non è rivolto solo alle donne desiderose di gestire grandi società, pur rappresentando la maggioranza dei destinatari: per alcune avere successo significherà fare l'imprenditore, affermarsi in ambito accademico o gestire l'universo del no profit, per altre significherà semplicemente tornare a lavorare dopo una pausa per farsi una famiglia.

Se vai ancora a scuola, all'università, se sei a metà

carriera, o persino se sei in pensione e ti stai chiedendo se ormai è troppo tardi per avere successo, leggi questo libro. Non esiste un momento specifico della carriera in cui avrai più bisogno di aiuto e supporto: a ogni età e in ogni situazione, con le idee, i consigli e la concentrazione giusti, le donne danno il meglio.

Spero che il libro offra alle lettrici qualcuna di queste cose.

Perché un libro per le donne? Tutti necessitano di aiuto per arrivare al top.

Perché le donne sono diverse. E ciò che ci rende diverse è il semplice dettaglio biologico di essere dotate di utero. Sembrerà ovvio, ma è questo il punto per la carriera: per il fatto che molte avranno un figlio, e quindi quasi certamente avranno bisogno di congedi e di flessibilità, i datori di lavoro di tutto il mondo tendono a considerarci diverse dai colleghi maschi.

Non hai un datore di lavoro? Hai intenzione di avviare un'attività tua?

Ebbene, in quel caso sarà chi dovrà finanziarla – banche, investitori, fornitori – a guardare le donne in modo diverso.

Anche se non hai intenzione di avere figli (o di averne nel weekend e tornare al lavoro il lunedì), l'opinione del datore di lavoro su di te sarà in parte influenzata dall'esperienza di altre donne con figli che si prendono una pausa. Potrebbe sembrare che non ci sia niente da fare... dopotutto dubito che l'ingegneria genetica riuscirà mai a dotare gli uomini di utero. E forse non lo vorremmo nemmeno. Avere figli e crescerli può essere un'esperienza molto appagante. Esistono però vari modi in cui le donne possono affrontare questo problema e mettersi nella condizione di avere successo.

Moira Benigson, direttore generale (Ceo) del gruppo di consulenza manageriale Mbs, incontra di continuo donne che, pur avendo una carriera di successo, non riescono a entrare nei giochi di potere come gli uomini.

“ In venticinque anni da cacciatrice di teste ho visto donne che non sono riuscite ad avanzare, a guadagnarsi promozioni e a essere proattive come gli uomini. Quando vedono che le loro ambizioni non si concretizzano, sviluppano una sorta di ‘paura di volare’ e scelgono di accontentarsi di un ruolo ben al di sotto delle proprie capacità, invece di accettare la sfida di primeggiare. Come dice l’esperta di leadership Rebecca Shambaugh: ‘Può essere che non sia sempre colpa del soffitto di cristallo ma, in parte, anche del pavimento appiccicoso.’[1] ”

Il “pavimento appiccicoso” è una cosa diffusissima. In una ricerca mondiale condotta nel 2011 da Accenture, su 3.400 dirigenti d’azienda, è risultato che il 68 per cento delle donne ha dovuto fare molta più fatica per progredire all’interno di una società.[2]

Credimi, se si trattasse solo di fatica, saremmo molte di più a essere in vetta. Il punto è che per raggiungere il vertice le donne devono fare tutto ciò che fanno gli uomini… e anche qualche extra.

Quali sono i requisiti per riuscirci e come acquisirli è il tema di questo libro.

CAPITOLO 1

COSA CONOSCI

Se stai leggendo questo libro, probabilmente ti sei posta la domanda: "Cosa posso fare per avere più possibilità di successo professionale?"

Se non è così, c'è qualcosa che non va.

Cominceremo da un'idea all'apparenza ovvia ma che spesso, per qualche strano motivo, non è il primo aspetto a cui la gente pensa: bisogna avere i titoli di studio e l'esperienza giusta. Si tratta del "cosa conosci", che *non* è mai stato sostituito dal "chi conosci".

Il "cosa conosci" – vale a dire le esperienze e le competenze dichiarate sul tuo curriculum – è il fondamento di qualsiasi carriera. Prima di tutto, sistema questa cosa.

Ogni tanto mi accusano di avere l'ossessione dei titoli di studio e, in effetti, ho tre lauree, tutte inutili in modo diverso, nessuna delle quali mi ha conferito capacità particolarmente rilevanti. L'unica cosa che ricordo della laurea è un diagramma sull'industria del riso in Giappone; del master, come silurare la gente; e del dottorato, come consultare le biblioteche universitarie online. Tutto qui. Nel mio lavoro non uso nessuna di queste abilità.

Allora perché mi sono data tanto da fare?

Il signor Moneypenny, il mio paziente marito, invece, non si è sforzato troppo. Ha frequentato un anno all'Università di Sydney, dove pensava di studiare cricket e rugby a quindici, ma quando si è reso conto che gli esami non riguardavano nessuna delle due cose, ha cominciato a lavorare per una rete televisiva (avendo come bagaglio il solo fatto di avere guardato tanta Tv). Anni dopo si è messo nell'industria vinicola (avendo come bagaglio il solo fatto di avere bevuto tanto vino, anche se a quel punto ha dovuto dare alcuni esami di enologia che tira fuori ogni volta che compriamo una bottiglia di vino). Nel 2010 ha ottenuto l'abilitazione di allenatore di cricket in sole dodici settimane. Ha trovato lavoro in una scuola come insegnante e usa ogni giorno ciò che ha imparato.

Quindi che bisogno c'è di preoccuparsi di cose come una laurea?

I titoli di studio però non sono solo un modo di acquisire capacità, servono anche per acquistare fiducia e inserirsi nel mondo esterno, sviluppando una rete di conoscenze utile per la carriera.

Julia Bowden conosce bene il valore di un titolo di studio. Nel 2008 ha preso una decisione importante ma rischiosa. Ha lasciato il lavoro, ha riaperto un mutuo sulla casa per avere in prestito migliaia di sterline e tornare a scuola a tempo pieno. Aveva già una laurea conseguita con ottimi voti, aveva trent'anni e un lavoro redditizio in cui avrebbe potuto fare passi avanti senza altri titoli ufficiali.

Perché ha sentito il bisogno di tornare a studiare? E quali sono state le sue decisioni chiave da cui possiamo imparare?

Julia ha cercato di investire nel proprio capitale umano e accumulare capitale umano è il primo ed essenziale passo per qualunque carriera di successo. Il capitale umano, come le altre fonti di capitale, è una risorsa da mettere a disposizione del datore di lavoro (o di se stessi, se si svolge un'attività autonoma). Capacità, esperienza e titoli di studio fanno parte del capitale umano di un individuo.

I titoli di studio sono fondamentali. Si possono trovare esempi di donne di successo con un semplice diploma da segretaria – e a volte nemmeno quello – ma sono eccezioni. Se sei ambiziosa e vuoi puntare a una carriera di successo, accertati di avere il requisito base: titoli di studio appropriati.

Le donne competono per le posizioni più prestigiose in un mondo brutale e gli uomini, ovviamente, lo sanno benissimo. Una laurea non rappresenta più il biglietto da visita di un tempo. Nel 1980 quando mi sono laureata, nel Regno Unito solo il 18 per cento della mia fascia d'età conseguiva lauree brevi. Adesso, grazie a progetti governativi e alla riclassificazione di molti istituti scolastici, la percentuale sfiora il 45 per cento.

Una laurea in sé non è poi tanto rilevante, perché quello che conta di più è dove hai studiato e il voto ottenuto.

La bella notizia se sei una quattordicenne, o se ne conosci qualcuna, è che con dei bei voti si può arrivare davvero in alto. Nel Regno Unito a sedici anni si danno degli esami per cui ci si comincia a preparare a quattordici. I risultati vengono inseriti nel modulo di iscrizione all'università e determinano, insieme ai voti degli esami svolti a diciotto, la sede universitaria che lo studente potrà frequentare. La qualità dell'università per una laurea – sostanziale per tutta la nostra carriera – dipende quindi da decisioni prese a quattordici, quindici e sedici anni.

E questo non succede solo nel Regno Unito. Negli Stati Uniti l'ammissione al college è legata ai risultati di esami preliminari come il Psat e il Sat* e alle valutazioni degli istituti superiori. In tutto il mondo l'accesso alle scuole più appetibili è determinato dai voti ottenuti e dalle scelte compiute ancora prima di essere abbastanza grandi anche solo per pensare di andare al college.

Questo significa forse che, se non hai ottenuto buoni risultati a sedici anni, devi chiudere questo libro e ignorare le tue aspirazioni?

Assolutamente no.

Vai avanti e cerca di avere buoni risultati in futuro, visto che investendo nel futuro si può (quasi) cancellare il passato. Come ha detto Elizabeth Taylor, donna alquanto ambiziosa: "Il successo è un ottimo deodorante. Toglie gli odori del passato".

A questo punto penserai che stia parlando solo di master o altri titoli di studio post-laurea. Non è così. Julia, per esempio, non ha lasciato il lavoro a tempo pieno per frequentare un master ma ha studiato per diventare make-up artist.

Sei sorpresa? Perché una qualifica professionale solo per occuparsi di trucco? Dopotutto Julia si interessa di make-up da quando era piccola, era brava a truccarsi e spesso le amiche le chiedevano aiuto per le occasioni speciali. Nel mondo dei make-up artist, come in molti altri, il motivo più importante per cui ti assumono è perché sei bravo. E l'abilità può essere dimostrata con un portfolio, in genere su internet.

---

* Il Psat (Preliminary Scholastic Attitude Test) e il Sat (Scholastic Attitude Test) sono due esami sostenuti dagli studenti dei licei americani al primo o al secondo anno come prova pratica in vista dell'ammissione all'università. *[N.d.T.]*

Perché non investire in qualche fotografia professionale e creare un sito web?

Qualunque sia il costo, sarebbe inferiore alle 18.000 sterline attualmente richieste per completare il corso di studi di Julia.

Come non è necessario un titolo di studio per diventare un make-up artist di successo, non è necessario nemmeno avere un master per diventare un manager di successo. Forse ti stupirà sapere che non serve un brevetto da pilota per essere in grado di pilotare un aereo in solitaria. Certamente, per poter praticare certe professioni – medico, avvocato – servono qualifiche professionali, ma la maggioranza degli individui che occupano posizioni di rilievo e gestiscono un'attività (me compresa) non hanno un reale bisogno del proprio titolo di studio per svolgere la professione.

Ma – e questa è la cosa importante – ne hanno bisogno per arrivare fin là.

I titoli di studio contano perché:

- danno sicurezza
- sono una prova delle proprie capacità
- creano legami importanti.

Usare i titoli di studio per aumentare la fiducia in se stessi

Innanzitutto i titoli di studio danno sicurezza. Julia – forse ne hai già abbastanza di lei (la poveretta non sapeva nemmeno che avrebbe fatto parte di questo libro, pensava solo di avermi incollato l'ennesimo set di ciglia finte prima di andare in onda) – ha studiato alla

Greasepaint, una delle più famose scuole di make-up del Regno Unito, e l'ha scelta con cura. Molti tutor della Greasepaint lavoravano alla Bbc quando aveva un'area make-up interna e hanno vinto stuoli di riconoscimenti. Julia sapeva che così avrebbe imparato il mestiere da professionisti esperti, acquisendo sicurezza come make-up artist indipendente.

Un manager potrebbe non avere bisogno nemmeno della metà di ciò che ha imparato alla scuola di economia. Io sono uscita da una business school vent'anni fa e da allora l'unica abilità tecnica che ho usato è come licenziare i dipendenti. Ma, la familiarità con la terminologia e le teorie delle varie discipline di un master – contabilità e finanza, gestione del cambiamento e processi operativi – mi hanno fatta sentire più sicura ogni volta che le incontravo al lavoro e nelle discussioni con altri manager più esperti.

La fiducia in se stessi è una caratteristica fondamentale per una carriera di successo. Se una persona studia, giunge a una buona padronanza di ciò che le viene insegnato e ottiene un titolo che ne dimostri l'impegno, si sentirà senz'altro più sicura.

Ora Giulia è tecnicamente più brava come truccatrice di quanto non lo fosse prima di specializzarsi?

Sì, pur non essendo certo più creativa.

Quanto più brava? Del cento per cento?

Probabilmente sì. Anche perché il corso includeva effetti speciali e altre tecniche avanzate.

Ma quanto è più sicura di sé quando trucca qualcuno?

Almeno del 500 per cento. La sicurezza viene dall'insegnamento di veri esperti e dal fatto di essersi esercitata sotto la loro supervisione, oltre che dai risultati eccellenti ottenuti negli esami.

La fiducia in se stesse è una caratteristica che tutte le donne ambiziose devono sviluppare. L'Institute of Leadership & Management (Ilm) ha svolto un'indagine su 3.000 dirigenti, uomini e donne, e nel febbraio 2011 ha pubblicato i risultati in *Ambition and Gender at Work*. Il divario era notevole: solo la metà delle donne manager dichiarava di avere un livello "elevato" o "abbastanza elevato" di fiducia in se stessa, rispetto al 70 per cento degli uomini. La metà delle donne manager ha ammesso di dubitare di sé, rispetto al 31 per cento degli uomini. Il 20 per cento degli uomini ha affermato che si candiderebbe per una posizione pur avendo solo parte dei requisiti richiesti, rispetto al 14 per cento delle donne.[1]

Non mi sorprende. Si sa che gli uomini sono molto più abili come Pr di se stessi, e non sempre con giusta ragione.

Questa diversità di genere nell'approccio alla ricerca di lavoro è stata confermata da Rosaleen Blair, la donna determinata e professionale che ha avviato e gestisce Alexander Mann Solutions, una società esterna di ricerca del personale.

“Penso che le donne siano molto meno sicure di sé e molto più autocritiche degli uomini. Quando cercano lavoro, per esempio, gli uomini tendono a valutare le offerte pensando: 'Ho tre delle caratteristiche richieste, quindi va bene'. Mentre le donne potrebbero anche averne sei o sette ma basta che gliene manchi una per non provarci.[2]”

Non è l'unica a pensarla così. Liz Field, Ceo di Financial Skills Partnership – importante società che si occupa di formazione e sviluppo del personale nel settore economico, finanziario e contabile – dice:

> "Quando si tratta di posizioni di alto profilo, le donne sono più inclini a scartare certi impieghi anche se hanno scarsa esperienza solo per alcuni aspetti. Potrebbe essere mancanza di fiducia o realismo, mentre in genere gli uomini si candidano per una posizione di spicco indipendentemente dal fatto di avere un'esperienza rilevante in materia.[3]"

I titoli di studio sono una grande fonte di sicurezza.

Pensaci. Ti piace il vino? Sei un'esperta? Al ristorante ti sembra di saper leggere la lista dei vini molto meglio degli altri?

Immagina di avere conseguito un Master of Wine (Mw), titolo professionale internazionale detenuto da meno di 300 persone, o un Diploma in Wine, il titolo internazionale di più alto livello rilasciato dal Wine & Spirit Education Trust.

Diventeresti tecnicamente più abile nell'assaggiare e apprezzare i vini?

Forse sì.

Diventeresti più sicura di te stessa?

Senza dubbio.

Usare i titoli di studio come prova delle proprie capacità

Secondo aspetto, e ancora più importante, è il fatto che i titoli di studio (e/o il luogo in cui li si ottiene) sono una prova delle proprie abilità. Io sono fortunata ad avere tante Amiche, che negli anni le lettrici della mia rubrica hanno imparato a conoscere. Per esempio l'Amica Glamour, l'Amica di Successo, l'Amica Tenace, l'Amica Consulente d'Investimenti, l'Amica Appassionata di Pilates e così via. Tra le altre ho un'Amica Medico, Amanda Northridge, una professionista di successo con un proprio studio privato molto ben avviato a Oxford.

Le Amiche Medico sono molto utili e ti consiglio di procurartene una se non ne hai. Sono l'ideale quando tuo figlio (nel mio caso il Centro di Costo n° 2… i miei figli costano talmente tanto che ho smesso di chiamarli con il loro vero nome) torna a casa dal camping di canottaggio con l'impetigine il giorno del matrimonio del principe William con Kate Middleton e l'ambulatorio è chiuso.

Amanda è membro del Royal College of General Practitioners, dopo regolare praticantato di tre anni ed esami post-laurea. Pratica però solo come medico privato e nel Regno Unito non è necessario avere il titolo di Mrcgp per essere medico di base privato.

Allora perché l'ha fatto?

Prima di tutto ha ampliato le proprie possibilità (se volesse, potrebbe praticare all'interno del National Health Service). Ma, cosa più importante, cinque semplici lettere le attribuiscono le stesse qualifiche di qualunque medico del Servizio Sanitario Nazionale del Regno Unito oggi.

Forse ti suonerà familiare la frase "Sono brava a [inserire la capacità/l'ambito di competenza] non mi serve un pezzo di carta che lo dimostri". Io non sono d'accordo. Se sei ambiziosa e vuoi sfondare, devi emergere dalla massa. La sigla giusta prima del nome, un titolo di studio di spicco sul curriculum o la qualifica professionale di un istituto famoso ti aiuteranno a distinguerti.

Essere bravi nel mondo competitivo di oggi non basta.

Il curriculum costituisce il tuo personale bilancio. Se la contabilità di un'azienda mostra un bilancio solido, si è più inclini a investire in quella società perché riuscirà a contrastare gli imprevisti e a trarre vantaggio dalle opportunità. Probabilmente avrà chiuso un bilancio positivo scegliendo di investire nel proprio sviluppo invece che in dividendi o salari.

Lo stesso vale per abilità ed esperienza: se sei ambiziosa, investire in te stessa non è mai uno spreco.

Come nel caso di una società, l'investimento è una scelta. Gli studenti di economia sanno che il capitale è una risorsa debole. Se stai studiando per gli esami o se stai imparando nuove abilità, dedicherai tempo a queste attività invece che ad altre.

Sei pronta a impegnarti?

Se sei davvero ambiziosa, la risposta sarà sì.

Torniamo alla cara Julia Bowden (Ebbene sì! Con lei non ho ancora finito... la poveretta chiederà gli straordinari). Ha investito le sue scarse risorse – tempo e denaro – per qualificarsi come make-up artist professionista. La scelta dell'istituto è stata importante quanto la decisione di ottenere una qualifica ufficiale. Ha studiato in uno dei migliori istituti nel campo. Adesso le basterà dire a un produttore, a un altro make-up artist o anche solo a un potenziale cliente privato, che ha studiato alla Greasepaint e subito riconosceranno nel nome una garanzia di qualità del suo lavoro.

Allo stesso modo, pensa all'effetto di una laurea a Oxford o Cambridge o di un master ad Harvard. In un colloquio fanno subito capire che il candidato è un gradino sopra gli altri ancora prima che apra bocca.

I titoli di studio – e il luogo in cui li si ottiene – fungono da dimostrazione dell'ambizione di una persona.

Quindi quali titoli bisognerebbe avere?

Personalmente raccomanderei una qualifica facilmente riconoscibile nell'ambito in cui si vuole avere successo. Se si parla di gestione d'impresa, punterei a un titolo in contabilità o di ordine legale. (Nel capitolo 7 spiegherò perché la competenza finanziaria è un prerequisito così importante per una carriera di successo.)

Un titolo apprezzabile su un curriculum è quello di Chartered Financial Analyst (Cfa).** Si può ottenere in ogni momento e non è necessario frequentare delle lezioni, ma solo ordinare i libri e studiare a casa.

Sei al college? Un giorno ti piacerebbe entrare nel campo degli investimenti finanziari o degli hedge fund?

Pensa a quanto conterebbe questo titolo sul tuo curriculum. Sacrifica le tue serate e dedicale a conseguirlo!

** Si tratta della più prestigiosa certificazione a livello mondiale nel campo dell'analisi finanziaria, comparabile a un master di specializzazione di grado elevato. *[N.d.T.]*

Gli esami Cfa prevedono lo stesso programma ovunque li si svolga e sono gestiti dal Cfa Institute, un'organizzazione globale no profit che comprende l'associazione più grande al mondo di professionisti degli investimenti. Conta più di 100.000 membri e tanti altri che hanno dato solo una o due parti su tre dell'esame.

Sono sicura che l'istituto non mi ringrazierà, ma spesso lo paragono ai McDonald's. Se entri in un McDonald's e ordini un Big Mac, ti ritroverai davanti praticamente la stessa cosa a Shanghai, Seattle, Sydney o Singapore. Il rischio associato al fatto di decidere di propendere per un Big Mac, o per qualunque altro marchio globale – pensa ai pannolini Pampers o ai servizi di contabilità PricewaterhouseCoopers – è trascurabile. Sai già che ovunque consumerai tale prodotto, ti offrirà la stessa esperienza.

Lo stesso vale per il Cfa.

Esistono altri titoli riconosciuti a livello internazionale, come quello di Master of Wine, che ho già citato: attualmente al mondo ci sono 289 Master of Wine, 79 dei quali sono donne, residenti in 23 nazioni. L'esame è sempre stato aperto sia agli uomini sia alle donne; su 81 nuovi Master of Wine dell'ultimo decennio, 33 sono donne.

Un altro titolo simile è il Teaching English as a Foreign Language (Telf).

Per quanto non siano completamente equivalenti in ogni paese, titoli in ambiti come la medicina, la legge, l'insegnamento e altre discipline professionali sono sempre utili. Ma, anche se non attribuiscono sigle davanti al nome – come dott., avv., ing. – ci sono abilità per cui vale comunque la pena studiare perché rendono il curriculum decisamente più interessante per un'azienda, per esempio, le competenze linguistiche e informatiche.

E i master? È il caso di conseguirne uno?

Io ne ho uno, come ho già detto. Ricordo il primo giorno di lavoro in Giappone quando il mio capo mi ha informata del fatto che anche lui aveva un master in... "Intrattenimento di soggetti femminili".***

Seriamente, non esiste una risposta unica: dipende da te. Molte donne ambiziose (me compresa) li ritengono utilissimi, ma non vale per tutti. Spero che questo libro ti aiuterà a decidere se conseguirne uno e, in tal caso, a valutare dove farlo.

Nel 1986 Gail Kelly viveva in Sudafrica, lavorava in banca ed era incinta del primo figlio. Appena laureata, aveva insegnato Latino alle scuole superiori e negli anni Ottanta era entrata nel settore bancario, allo sportello della banca sudafricana Nedcor, perché pensava ci fossero maggiori opportunità nel settore dei servizi finanziari che nell'istruzione. Essendo stata notata per le grandi potenzialità, era stata trasferita nel programma di sviluppo accelerato della banca e, nello stesso 1986, occupava già una posizione di medio livello nell'area risorse umane.

Gail, in un'intervista per il sito della Melbourne

*** L'acronimo inglese che indica il master conseguito dall'autrice è Mba (Master of Business Administration). Mrs Moneypenny fa riferimento al gioco di parole con il quale il capo giapponese la informa di avere anche lui un Mba, che nel suo caso tuttavia è l'acronimo di Married but Available, ovvero "sposato, ma disponibile". Si tratta di un gioco di parole non traducibile in Italiano per il quale è stata attuata una traduzione libera tesa a trasmettere il concetto principale: il capo fa una battuta scherzosa. *[N.d.T.]*

Business School, racconta la sua storia. Dice di essersi resa conto che:

“Se volevo fare sul serio in ambito commerciale e guadagnarmi una posizione all’interno dei servizi finanziari, mi servivano qualifiche ufficiali. Ho pensato a una laurea in economia, ma poi ho optato per un master, per le più ampie capacità manageriali e di leadership che offre.”

La gravidanza non l’ha esclusa più di quanto non sia successo a me e a molte altre. Lei però ha fatto meglio di me e si è laureata con la lode. (Ha fatto meglio di me anche nel generare una figlia... come mai io ho tutti maschi? E, intanto che ci siamo, come mai io non sono il direttore generale di una delle più grandi banche del mondo? Forse perché non ho preso la lode.)

Cos’ha ottenuto Gail dal master?

Capacità e conoscenze che prima non le appartenevano, oltre a fiducia in se stessa e contatti.

“Mi ha dato accesso a materie come contabilità, finanza, marketing e management, ambiti di conoscenze che prima non possedevo, se non per esperienza diretta al lavoro. Senza dubbio il master mi ha anche dato la sicurezza e il coraggio per cogliere le opportunità che mi si presentavano. I legami e le amicizie nate persistono tuttora.[4]”

È allettante pensare a un master come biglietto da visita per uno stipendio migliore. Gmac, l’associazione internazionale no profit di business school, ha affermato che il 93 per cento degli intervistati in un’indagine del 2010, negli Stati Uniti, aveva un lavoro e uno stipendio medio di 94.542 dollari, con un bonus di 17.565 dollari.[5]

L'altro motivo per cui alcuni frequentano un master è per diventare più assumibili. Secondo la London Business School, il 91 per cento degli studenti del 2010 ha trovato lavoro entro tre mesi dalla laurea (il 10 per cento in più rispetto al 2009) con uno stipendio iniziale medio di poco più di 65.500 sterline. Le cifre equivalenti della Manchester Business School sono del 90 per cento e 55.000 sterline.[6]

Mi sento di dire, tuttavia, che se si decide di iscriversi a un master solo per trovare un'occupazione migliore e avere uno stipendio più alto, l'enorme investimento di tempo e denaro non è giustificato. Come dice Tonya Olpin, direttore generale di una organizzazione no profit che offre servizi per incoraggiare e supportare la presenza di donne in posizioni di leadership – la National Association of Women MBAs –, un master "non garantisce un impiego, ma offre una valigia degli attrezzi. Apre una serie di opportunità".[7]

Ha perfettamente ragione.

Un master non è un biglietto da visita istantaneo per l'impiego, né per il denaro. Anche organizzazioni che ammiro, come la Forté Foundation (consorzio delle più grandi società e scuole di economia che cerca di "accrescere il numero di donne leader aumentandone il flusso nell'ambito dell'istruzione e delle reti manageriali"), non incoraggiano i futuri studenti a considerare il valore di un master e sembrano averne quasi perso di vista lo scopo.

Citano i seguenti motivi per iscriversi:

- aumentare i potenziali guadagni

- avanzare nella propria attività attuale
- cambiare carriera
- acquisire una rete di conoscenze tra compagni, insegnanti ed ex allievi
- avere un impatto sulla comunità.[8]

Secondo me solo una di queste cose – la rete – è davvero importante. Il resto si può benissimo ottenere senza un master.

Come qualunque altro titolo, iscriversi a un master creerà fiducia, legami e darà un contributo al curriculum. Può essere che questo, poi, contribuisca a trovare lavoro e/o ad avere uno stipendio più alto, ma è difficile che ciò avvenga senza fare tesoro dei veri benefici di un master. La verità è che si tratta di un titolo manageriale generico: se si vuole gestire un'azienda o anche un settore è molto utile. Fine della storia. Se si ha l'ambizione di diventare la biologa molecolare più grande del mondo o la migliore contabile esistente non è affatto necessario.

Quindi definisci la tua ambizione e vedi se un master può davvero aiutarti a realizzarla.

Se hai in mente di gestire un'attività, grande o piccola, un master è probabilmente una buona idea. Qualunque altra cosa – possibilità di assunzione, stipendio più alto – potrebbe rivelarsi un vantaggio accessorio, ma se diventa l'unico motivo per iscriversi a un master, non farlo.

È dimostrato che le donne sono bravissime a trovare motivi per *non* frequentare un master. Secondo la Association of MBAs, nel 2010 gli studenti maschi hanno superato le femmine del 70 per cento. Nel Regno Unito il 53 per cento dei diplomati con laurea breve sono donne, ma la percentuale diminuisce attorno al 30 per cento per quanto riguarda gli allievi dei master. Non è una sorpresa, se si pensa che le migliori business school richiedono anni di esperienza lavorativa prima di ammettere gli studenti.[9]

Ciò significa che il momento ideale per iscriversi a un master è proprio quando molte donne cominciano a pensare di avere un figlio. Mori Taheripour, coordinatore outreach della Pennsylvania's Wharton School of Business, ha espresso il concetto in modo chiaro.

> “[Dobbiamo] riuscire a dimostrare alle donne che, anche se hanno tanti impegni, frequentare un master è fattibile. Chiediamo una decina d'anni di esperienza lavorativa, quindi l'età media degli studenti è di trentacinque anni, ed è un momento della vita in cui la maggior parte ha una famiglia e detiene posizioni a livello imprenditoriale. Quindi è una sfida portarli ad affermare: “Posso aggiungere un'altra cosa a quel che già faccio”.[10]”

Frequentare un master e avere una famiglia allo stesso tempo è possibile. Io l'ho fatto. Gail Kelly anche. E tante altre l'hanno fatto (o lo stanno facendo).

La mia amica Henrietta Royle, paladina dei membri femminili di un consiglio d'amministrazione, e donna dall'energia sconfinata, è una ex funzionaria della Cass Business School di Londra. Ha visto decine di donne con famiglia completare non solo un master ma molti altri programmi di studio dello stesso livello. In un'intervista per *The Independent* nell'aprile 2011, Henrietta ha espresso ciò che tante di noi sanno (opinione che il giornale ha descritto come “pragmatica”): “Se vuoi farlo, ti organizzi. Non c'è motivo per cui tu non lo possa fare perché hai dei figli, soprattutto quando il vantaggio futuro potrebbe essere enorme".[11]

Le business school sono bendisposte verso le madri che studiano. Per esperienza posso dire che quando dopo la nascita del mio primo figlio è diventato troppo faticoso, mi hanno concesso una pausa di un anno prima di continuare. Ho dovuto ricominciare con un nuovo gruppo di studio, ma è stato molto meglio che mollare tutto o non cominciare affatto.

Più di vent'anni dopo le cose sono cambiate. La University of Indianapolis, per esempio, offre un'opzione di lezioni solo di sabato e dà alle madri in attesa la possibilità di prendersi un semestre di congedo maternità.

Rachel Killian, madre di due figli che ha frequentato di recente il Warwick Business School Executive Mba (un corso biennale part-time) continuando a lavorare nell'area marketing della scuola, spiega come ci è riuscita.

“È tutta questione di equilibrio. Ognuno deve scegliere un programma e una scuola adatta alla propria vita. Io torno a casa, passo qualche ora con i bambini, poi quando loro sono a letto, invece di mettermi davanti alla Tv, tiro fuori i libri. Ciascuno è diverso. Ma la ricompensa sarà ben più grande dei compromessi.[12]”

È questione di priorità più che di equilibrio. Se sei una donna ambiziosa e pensi che un master faccia per te, troverai il tempo, anche se ti stai costruendo una famiglia. Qualcos'altro – la Tv, nel caso di Rachel – lascerà spazio allo studio. Hai davvero bisogno di guardare *Desperate Housewives* o un'altra puntata di *Grey's Anatomy*? Non potresti registrarli? La polvere sulle mensole non ti ucciderà. Non devi per forza stirare tutto né leggere *Chi* o quel romanzo che aspetta da mesi.

È difficile pensare a qualunque motivo per cui non dovresti trovare il tempo di iscriverti a un master... se davvero lo vuoi.

Usare i titoli di studio per creare contatti importanti

Se hai deciso di iscriverti a un master – e liberarti della scusa che sei troppo impegnata perché hai, o stai per avere, una famiglia – dove devi rivolgerti?

A una scuola accreditata, a quella che è ai primi posti della classifica o sta guadagnando posizioni. Ricorda perché ci stai andando: le lezioni sono solo una parte della motivazione. Perché la reputazione ne guadagni e per creare le migliori opportunità di relazione legate a un master (o a qualunque specializzazione) dovresti frequentare l'istituto più prestigioso possibile. Oserei dire che è quasi meglio non avere un master che averne uno di una scuola di livello basso, soprattutto considerando il tempo e il denaro da investire.

Migliore è la scuola, migliori sono i contatti che offrirà.

Approfitta della diversità tra sessi: esistono borse di studio per le donne che si iscrivono a un master sia in Europa sia negli Stati Uniti. La London Business School, la Leeds University Business School, la European School of Management and Technology di Berlino, la IMD Business School in Svizzera e la Wharton Business School in Pennsylvania prevedono borse di studio per le donne. Oppure puoi diventare membro di una fondazione, come la Forté Foundation, che offre borse di studio in tutte le sue 39 scuole in Europa, Stati Uniti, Asia e Australia, indipendentemente dalla tua nazionalità. Esiste anche il McCallum Leadership Scholar Program della Bentley University di Boston per iscritti appartenenti a una minoranza.

Non importa quale titolo perseguirai, perché il modo in cui sarà considerato dai datori di lavoro presenti e futuri dipenderà in larga misura dalla reputazione e dalla storia del luogo in cui avrai studiato. Il Cfa potrà anche essere organizzato su scala globale e sostenuto da corpose operazioni di marketing, ma per titoli meno specifici, come un master (o una laurea), il luogo di studio e il risultato raggiunto saranno più importanti della qualifica stessa.

So che sembra ingiusto, ma si sa che il mondo va così. Chiunque abbia più di sette anni e usi la parola "ingiusto" manifesterà una percezione distaccata della realtà.

Un master ad Harvard è più prestigioso di un master alla University of Stirling, anche se entrambi godono di docenti rispettabili.

Forse il programma di Harvard è diverso da quello di Stirling?

No. Il fatto è che il marchio di Harvard è più prestigioso.

Come mai? Harvard ha assunto addetti marketing più bravi?

Potrebbe essere. E questo perché può permettersi un team di marketing migliore di Stirling, come del resto ogni altra cosa – facoltà, strutture, assistenza finanziaria per gli studenti –, il che significa attrarre gli allievi più brillanti del mondo.

Perché?

Per avere una risposta dobbiamo recarci a sud-ovest del Ponte di Londra dove, in mezzo a un trafficato incrocio tra il Tamigi e una delle stazioni più affollate della città, vicino a un grande mercato, noto come Borough market, si trova la cattedrale della diocesi di Southwark. Qui è stato battezzato John Harvard, nato a Londra nel 1607, figlio di un macellaio ed emigrato negli Stati Uniti. Il nome, con la firma del padre, figura nel registro della cattedrale, aperta gratuitamente ai visitatori e con una cappella laterale dedicata a John Harvard, il cui restauro è stato finanziato da ex studenti di Harvard.

Dovrebbe essere meta di pellegrinaggio per tutte le donne ambiziose, non solo per la pace e la tranquillità che permette di meditare sulle fatiche future, ma anche per ciò che racconta di Harvard come istituzione e del motivo del suo successo.

I visitatori che hanno una certa familiarità con i programmi di sviluppo dell'università rimangono colpiti pensando a quanto tempo fa è stata restaurata la cappella. La splendida vetrata è stata donata dal laureato di Harvard e ambasciatore americano a Londra, Joseph Hodges Choate, presente all'inaugurazione ufficiale il 22 maggio 1905. La vetrata raffigura il battesimo di Cristo e gli stemmi dell'Emmanuel College Cambridge, frequentato da John Harvard (e già buono in sé su qualunque curriculum), oltre a quelli della Harvard University.

Un giorno mi sono seduta nella cappella – non per meditare sulle fatiche future, ma perché ero in anticipo per un appuntamento al *Financial Times* – e ho pensato a cos'avrei potuto imparare da quel luogo. La lezione più importante che ho tratto è stata che la Harvard Business School rappresenta un marchio influente su un curriculum grazie ai suoi ex alunni che lo mantengono tale, proprio come conservano in ottimo stato la cappella.

Scuole di economia, università e anche istituti superiori cercano di incoraggiare gli ex studenti a rimanere in contatto, a sostenere il luogo in cui hanno studiato. Lo fanno per la maggior parte appellandosi al senso di altruismo: noi vi abbiamo offerto una buona istruzione, adesso tocca a voi darci qualcosa. Ma io credo che vi siano un paio di punti da chiarire sulla questione.

Prima di tutto un diploma – soprattutto un diploma post-laurea, se pagato per intero (come fa la maggior parte delle persone) – è una transazione commerciale. Io pago voi e voi istruite me. Ognuno porta a compimento la propria parte di scambio e poi va per la sua strada. Qualunque tentativo di appellarsi all'affetto per il luogo (che funziona soprattutto quando un'istituzione fa leva sull'io e sull'orgoglio delle persone) è una sorta di ricatto emotivo; non esiste nessun obbligo contrattuale – scritto o meno – perché io debba sostenere un istituto dopo esserne uscita.

Il secondo punto, di gran lunga più importante, è questo: il titolo di studio comparirà sul curriculum – il tuo personale bilancio – per il resto della tua vita e l'istituto che te l'ha conferito sarà un marchio associato a te per sempre. Va bene finché risulta uno dei luoghi d'istruzione leader al mondo, ma cosa succederà quando incontrerà il declino? Rimarrà comunque scritto sul tuo curriculum.

Puoi permetterti, per il bene tuo e della tua carriera, di non sostenerlo?

Gli ex studenti di Harvard, in modo più o meno consapevole, hanno l'obbligo morale di sostenere la loro Alma Mater. Così facendo, la Harvard Business School, e Harvard in generale, continuerà a potersi permettere begli edifici, gli insegnanti migliori e a supportare gli studenti più brillanti del mondo, oltre ad assumere il migliore staff in materia di marketing e sviluppo. Questo, a sua volta, conserverà la reputazione mondiale di Harvard e manterrà la forza del marchio sui curricula dei suoi laureati.

Il signor Choate lo sapeva già nel 1905.

Vale per tutte le università, le business school e anche per gli istituti superiori. Maggiori sono gli standard, maggiore sarà l'influenza sulle ambizioni degli ex alunni.

Non tutti però potranno contribuire con ingenti donazioni in denaro. Come fare se ti sei appena laureato e non hai soldi? Non sei certo nella posizione di avere un edificio che porti il tuo nome per avere staccato un assegno con sei o sette zeri. Sarai già troppo impegnato a compilare assegni per la banca che ti ha prestato il denaro per studiare. Ma anche 10 dollari all'anno bastano... ricorda quanti sono gli studenti di un college o di un'università.

Investire nel proprio college è importante per il curriculum, oltre che per questioni secondarie come la rete di conoscenze. Anche se sei all'inizio della carriera, ricorda che hai altre risorse oltre al denaro... tu hai il tempo. Tempo che potrebbe essere usato per fare colloqui ai candidati, per parlare agli open day, per scrivere sul sito la tua esperienza di studente e i motivi per cui raccomanderesti ad altri di seguire il tuo esempio. Queste attività hanno lo stesso valore del denaro, anche se gli istituti necessitano di entrambe le cose. In realtà negli Stati Uniti dare un contributo finanziario, per quanto esiguo, aiuta ad aumentare il punteggio dell'università nelle classifiche, perché la percentuale di ex studenti che contribuisce viene misurata e l'università viene classificata di conseguenza.

Quando vent'anni fa mi sono laureata alla London Business School, non era molto ben vista a livello internazionale. Io ero in difficoltà perché avevo un figlio piccolo e le cure di un bambino sono costose, ma alla scuola ho dedicato del tempo occupandomi dei colloqui ai candidati, portando la mia testimonianza agli open day e poi, quando sono riuscita a permettermelo, sostenendola finanziariamente in modo modesto ma costante. Durante quel periodo la scuola è passata dall'essere una business school prominente a essere la migliore al mondo. Non mi vanto di esserne responsabile, in quanto i miei sforzi sono minimi rispetto a quelli di migliaia di altri, ma sono convinta che se tutti quelli che hanno studiato alla London Business School hanno contribuito anche con una modesta quantità di denaro e di tempo come ho fatto io, la nostra scuola rimarrà al massimo livello per l'intera durata della mia – e della loro – vita lavorativa.

Si conserverà così il valore di aver studiato in quel luogo.

Visto che il mio master è costato un sacco di soldi, che ho chiesto in prestito e restituito, ha perfettamente senso conservarne il valore.

Se la tua scuola si trova attualmente al secondo livello, pensa a dove si potrebbe arrivare con un'azione collettiva.

Aggiungere l'esperienza giusta alle qualifiche

Pur avendone evidenziato l'importanza, i titoli di studio risultano praticamente inutili senza un'esperienza rilevante.

Ottenere esperienza nel campo in cui si desidera lavorare può essere difficile e a volte significa ripartire da zero. Gail Kelly era un'insegnante superiore e ha smesso per lavorare allo sportello di una banca. Adesso risulta l'ottava donna più potente nel mondo degli affari.

Un'altra ex insegnante che ammiro è Janet Robinson, Ceo della New York Times Company. Janet insegnava in una scuola del Massachusetts ma, come Gail Kelly, pensava che l'istruzione le avrebbe riservato una carriera limitata, quindi è venuta a New York in cerca di lavoro. Era una brava tennista e si è trovata un impiego collocando spazi pubblicitari per la rivista *Tennis*. Il resto, come si usa dire, è storia. Quando Janet mi ha invitata a pranzo nella sede del *New York Times* con vista sull'Hudson e mi ha portata a vedere la parete piena di fotografie di vincitori del Premio Pulitzer che ci lavoravano, mi sono resa conto di quanto la sua storia fosse ricca di ispirazione. Era un'insegnante qualificata con dieci anni di esperienza, eppure, per realizzare le proprie ambizioni, ha ricominciato da capo inserendo spazi pubblicitari in una rivista.

Solo varcare la soglia, come Gail e Janet, può innescare il pensiero laterale e una pianificazione attenta. La mia amica Helen Weir si è iscritta al corso post-laurea della Unilever dopo essersi laureata a Oxford, poi ha frequentato un master a Stanford prima di entrare alla McKinsey, una importante società di consulenza manageriale. Dopo esserci rimasta per qualche anno, ha deciso di trasferirsi nel mondo societario e ha trovato il modo per farlo. Alla Unilever aveva dato esami di contabilità gestionale e così, nonostante non lo usasse da anni, ha sfruttato il fatto di avere un titolo finanziario e ha trovato lavoro come revisore in una società di vendita al dettaglio. Alla fine è diventata il direttore finanziario dell'azienda ed è stata catapultata sotto i riflettori. Dopo tanti anni e ruoli diversi, è stata nominata amministratore non esecutivo della SABMiller, una delle società produttrici di bevande più grande al mondo.

L'esperienza, sommata ai titoli di studio, è potentissima nella competizione per le posizioni più elevate, ma avere l'esperienza giusta, per quanto qualificati si sia, può essere difficile.

Usa il pensiero laterale per entrare in un nuovo settore. Che siano le tue conoscenze sul tennis o quel titolo in contabilità gestionale quasi dimenticato. Le donne di successo devono individuare ciò che potrebbe attrarre gli altri, anche se non si tratta della voce più ovvia presente sul curriculum.

L'altra strategia vincente per acquisire esperienza in un ambito nuovo è candidarsi per un settore in cui nessuno penserebbe di lavorare. Entrare è la cosa più difficile: se poi sei brava, una volta arrivata, riuscirai a cambiare mansione facilmente. Consiglio a chi vuole entrare nell'investment banking di candidarsi nella revisione, nell'area finanza o nelle risorse umane. E consiglio a chi vuole entrare nel mondo della televisione di cominciare dalle vendite promozionali o dal settore legale.

Quando ho concluso il master nel 1992, il Regno Unito si trovava in profonda recessione, ma io volevo un impiego in una società di assicurazioni per vendere azioni inglesi ai gestori di fondi. Ho pianificato meticolosamente l'assalto ai broker londinesi. Avevo lavorato in una società in cui ero a contatto con gli azionisti. Il più importante era allora il fondo d'investimento della società di assicurazioni Scottish Widows. Ho chiesto al gestore del fondo i nomi dei broker cui affidavano la maggior parte degli ordini e me ne ha dati quattro. Ho scritto a tutti e quattro, dopo aver cercato il nominativo della persona a capo del settore vendite di azioni, e ho detto a ognuno – tutti uomini – di conoscere uno dei loro clienti e di volere lavorare nel campo azionario.

Ho ottenuto tre colloqui e due offerte di lavoro.

Un'esperienza rilevante è fondamentale ed è meglio che risulti ininterrotta.

Perché?

Perché è difficilissimo tornare a lavorare dopo una pausa. Sono stati dedicati interi libri all'argomento. Un'interruzione può anche provocare un crollo della sicurezza e rendere meno attraenti per i datori di lavoro, perché meno aggiornati. Quindi se hai intenzione di prenderti una pausa – per costruirti una famiglia o fare il giro del mondo in barca – pensa a come verrà percepito sul tuo curriculum. Con la corretta pianificazione però non c'è niente di male nel prendersi una pausa, anche per le donne più ambiziose.

Personalmente non ho preso un vero e proprio congedo di maternità. Quando è nato il mio primo Centro di Costo, mi sono concessa due settimane di pannolini e notti insonni e poi sono tornata in ufficio, dopo avere assunto una babysitter del valore di una Rolls-Royce... una puericultrice diplomata a Norland, l'istituto che produce le tate più richieste da tutte le royal family del pianeta.

Ci sono voluti cinque anni prima di riuscire a convincermi ad avere un altro figlio e la tempistica non è stata delle migliori quando il Centro di Costo n° 2 è arrivato con quattro settimane di anticipo e proprio nel bel mezzo dell'accordo di cui mi stavo occupando. All'ospedale si sono presi cura di noi a meraviglia e così ho potuto lavorare ininterrottamente. Ma poi, disastro... l'assicurazione medica mi copriva solo una settimana di ospedale. Così, con grande orrore di Mr Moneypenny, ho rifiutato di tornare a casa e mi sono trasferita con il mio nuovo bambino al Berkeley Hotel, dove ho passato un'altra settimana a stendere il prospetto mentre lo staff dell'hotel si affaccendava attorno a me. (Hanno anche trovato del detersivo in polvere senza enzimi per il bucato del bambino e una baby sitter che lo portasse a passeggio tutti i giorni ad Hyde Park.) Quando è arrivato il Centro di Costo n° 3, quattro anni dopo, era ormai l'era delle email e di internet e lavorare dal letto d'ospedale è stato facile.

Ma io non sono un buon esempio, neanche lontanamente vicino alla "normalità". La maggior parte delle donne si prende una pausa quando è il momento di farsi una famiglia, anche se solo di qualche mese. Se sei tra queste e hai in mente di tornare alla tua carriera devi pensare come tenere aggiornato il tuo curriculum.

Qualche anno fa ho consigliato a una donna che doveva lasciare un ruolo di rilievo (per l'arrivo del terzo figlio) come colmare il gap finché non fosse riuscita a tornare al lavoro a tempo pieno. Le ho suggerito di lavorare anche durante l'interruzione, svolgendo un'attività diversa. Si è messa a insegnare finanza invece di praticarla. Il piano ha avuto successo: adesso è direttore finanziario in una società di telecomunicazioni.

Le ho chiesto di recente come si era sentita nel momento in cui le avevo dato questo consiglio e la sua risposta è stata illuminante.

“Non avevo mai pensato di insegnare… anzi mi dicevo: ‘Non lo farò mai!’ Ma insegnare finanza e investor relations si è rivelato un lavoro fantastico per diversi aspetti. Era part-time, quindi perfetto per le esigenze dei bambini, ma non aveva il classico marchio a fuoco che a volte hanno gli impieghi part-time. Mi ha dato l'opportunità di lavorare in un ambiente imprenditoriale più piccolo, elemento considerato positivo da molte persone con cui oggi lavoro. E, cosa più importante dal punto di vista della carriera, mi ha permesso di rimanere aggiornata sulle regolamentazioni del mercato finanziario al punto da esserne più al corrente di quando lavoravo in azienda. Insegnare mi ha anche permesso di avere uno sguardo privilegiato su società diverse da quella in cui lavoravo da una vita, e su settori differenti, come la comunicazione aziendale.”

Un'altra amica la cui interruzione di carriera è stata un ottimo esempio di come tenersi aggiornati è Anne

Spackman, attuale editorialista del *Times*. Era una giovane giornalista di successo e faceva parte del team che ha lanciato *The Independent*, ma quando sono nati i suoi figli, ha deciso di trovare un ruolo per rimanere nel giornalismo con orari ridotti. Si è dimessa da direttore del supplemento weekend di *The Independent* e si è offerta di diventare giornalista immobiliare per uno stipendio equivalente al budget della pagina degli annunci immobiliari. Ciò significava scrivere due articoli alla settimana (in qualunque momento) invece di lavorare per un numero determinato di giorni. Lavorava così circa ventisette ore alla settimana.

Perché questa scelta?

Non tutte le giornaliste ambiziose, e soprattutto non una con il curriculum di Anne, accetterebbero di scrivere di quadrilocali, villette a schiera e tassi di interesse sui mutui. Ma lei si è resa conto che in questo modo (invece di smettere del tutto) sarebbe almeno riuscita a rimanere in contatto con il giornale e a guadagnare qualcosa, avendo il tempo di seguire la famiglia. Ricordava in una nostra recente conversazione di essersi accostata alla nuova carriera con entusiasmo.

“Ero convinta che i giornali non riuscissero a rispecchiare l’importanza che l’argomento aveva per i lettori; era l’epoca in cui ancora non esistevano le sezioni specifiche dedicate all’immobiliare. Ho avuto l’opportunità di scrivere di qualunque cosa, dai tassi di interesse alla vita di persone ricche e famose in un campo in cui la competizione tra giornalisti era scarsa. L’ho adorato.”

Anne è stata poi cacciatrice di teste per il *Financial Times*, cosa che è andata ad aggiungersi al suo curriculum. Quando i figli sono cresciuti è tornata al lavoro a tempo pieno ed è stata chiamata dal *Times* a lanciare un inserto immobiliare indipendente, grande successo commerciale. In seguito le è stato affidato il progetto di trasformare il *Times* in formato tabloid, poi è diventata direttore del *Times Online* e ora editorialista.

Il risultato è che il marito, principale fonte di reddito negli anni della crescita dei figli quando lei scriveva di immobili, adesso è libero di perseguire la propria carriera.

Cos'abbiamo imparato in questo capitolo?

I titoli di studio sono importanti perché accrescono la fiducia in se stessi, sono una prova delle proprie capacità e creano legami con gli altri.

Il luogo in cui si studia è importante quasi quanto la qualifica e questo è uno dei motivi principali per sostenere le scuole frequentate, che rimarranno sul proprio curriculum per sempre.

Anche l'esperienza è importante e si dovrebbe usare il pensiero laterale per capire come costruirsela in luoghi di rilievo.

Inoltre abbiamo imparato che Julia Bowden è un ottimo esempio! (E forse anche che *lei* dovrebbe imparare a non condividere tante cose con una a cui applica l'eyeliner. Può essere che nel tempo libero stia scrivendo un libro.)

Quindi il "cosa conosci" è necessario. Ma, come sanno gli studenti di logica, necessario non sempre significa sufficiente. Per avere davvero successo bisogna combinare il "cosa conosci" con il "chi conosci", argomento del prossimo capitolo.

COMPITI PER DONNE AMBIZIOSE

All'inizio della carriera

1. Come decidere se stai studiando le materie giuste? Considera ciò che speri di fare dopo, vai dalle persone che lo fanno o lo insegnano già, e chiedilo a loro.
2. Come si fa a ottenere l'esperienza necessaria per il futuro? Scrivi le tre società in cui più ti piacerebbe entrare e usa il pensiero laterale per farlo.
3. Esiste una qualifica professionale che pensi potrebbe essere utile per la tua carriera? Trova il momento in cui potresti studiare per ottenerla... niente scuse.

A uno stadio più avanzato

Se la tua carriera non è come pensi dovrebbe essere, considera i seguenti punti.

1. Esiste un titolo post-laurea che dovresti prendere? Elenca gli ostacoli che potrebbero impedirti di iniziare a studiare per ottenerlo nei prossimi dodici mesi. Come puoi superarli?
2. Contatta una società di ricerca del personale o chiedi un appuntamento a un membro di grado più elevato della tua società/ambito professionale e mostra il curriculum. Chiedi quali altre esperienze o titoli potrebbero trasformarlo. Poi datti una scadenza di dodici mesi per cominciare almeno a occuparti degli aspetti che ti vengono segnalati.

CAPITOLO 2

CHI CONOSCI

Il "cosa conosci" costituisce le fondamenta della tua carriera, ma non riuscirai mai a costruire granché senza i materiali giusti, il più importante dei quali è una rete di conoscenze.

Non intendo perdere tempo con chi pensa che la vita dovrebbe essere una meritocrazia, secondo il principio del "cosa conosci" e non del "chi conosci". La verità è che se vuoi raggiungere certi obiettivi, devi essere bravo in ciò che fai, ma anche nel costruirti relazioni con gente che conta.

Illustrerò meglio il concetto raccontando due storie ambientate a colazione.

Nel gennaio 2006 Cynthia Carroll alloggiava, da sola, in un hotel in Svizzera. Era già una donna d'affari di successo, Ceo dell'Alcan Primary Metal Group, il secondo produttore mondiale di alluminio. Aveva compiuto quarantotto anni da sole sei settimane. (In una versione della storia che ho letto è stata descritta come "donna in carriera americana di mezza età". Ho qualcosa da obiettare sull'espressione "di mezza età". L'avete mai vista? Di mezza età Cynthia Carroll non ha proprio niente.)

Quando è scesa a fare colazione alle 7.00 – orario folle – nella sala c'era solo un Inglese dai capelli grigi e l'aria gentile. Gli si è seduta vicino e hanno cominciato a parlare. Si chiamava Sir Mark Moody-Stuart ed era presidente della società mineraria Anglo American, una delle più grandi al mondo. Meno di dieci mesi dopo Cynthia Carroll è diventata il primo Ceo donna e non sudafricano della Anglo.

Cosa si può imparare da questa storia?

Ad andare a fare colazione in Svizzera a gennaio. Se lo facciamo, avremo una possibilità maggiore della media di realizzare i nostri sogni, perché ogni anno a gennaio, in una piccola località sciistica sul confine orientale svizzero, i leader politici ed economici di tutto il mondo si riuniscono con opinionisti di arte, scienza ed economia per discutere dei temi caldi del momento. Si tratta dell'annuale Forum Economico Mondiale che si tiene a Davos.

Non c'è gusto a dirigere brillantemente un'azienda di metalli se nessuno lo sa.

L'esperienza di Cynthia Carroll alla Alcan non avrebbe dovuto parlare da sé? C'era realmente bisogno di andare in Svizzera e di conoscere Sir Mark Moody-Stuart per essere inserita nella rosa dei candidati dal cacciatore di teste della Anglo?

Sir Mark Moody-Stuart è un presidente di grande esperienza, di fama mondiale e non avrebbe mai attribuito a qualcuno un impiego sulla base di un incontro casuale a colazione. Cynthia Carroll (il cui curriculum include un master ad Harvard e diversi anni trascorsi a gestire una società notevolmente quotata) avrebbe dovuto sostenere una serie di colloqui, sia con il cacciatore di teste sia con i membri del consiglio della Anglo e sarebbe stata confrontata con parecchi altri candidati prima di vedersi offrire il lavoro. I cacciatori di teste migliori al mondo però – e posso garantirvelo per esperienza personale – non sono computer, ma persone. Quando un candidato deve essere esaminato per una certa posizione, una segnalazione personale porta lontano. Per non parlare di quella del presidente.

L'aveva vista, le aveva parlato ed era rimasto colpito.

Due anni dopo, nel gennaio 2008, alloggiavo, da sola, in un hotel in Svizzera. Ero già un'imprenditrice di successo e tenevo una rubrica settimanale sul *Weekend Financial Times*. Mancavano sei settimane al mio quarantaseiesimo compleanno e scendendo a colazione a un orario meno folle – le 8.00 – ho notato un volto gentile. No, non era Sir Mark Moody-Stuart, ma qualcuno che avevo già incontrato di sfuggita una volta, il responsabile europeo di una società internazionale di elaborazione paghe. Mi sono seduta vicino a lui e ci siamo messi a parlare.

Il giorno dopo mi ha invitata a caccia di pernici in Spagna. Non mi era mai capitato di andare a caccia in Spagna e da tanto desideravo un invito, non solo perché il clima è migliore che nel Regno Unito, ma anche perché ci vanno i dirigenti più importanti e i loro consulenti.

Di certo c'è che quando ci sono andata splendeva il sole e i miei compagni di avventura erano persone di grande rilievo per la mia professione, che da sempre avrei dato qualunque cosa per incontrare.

Nell'era di Facebook, Twitter, LinkedIn e altri social media in grado di mettere in contatto milioni di persone, è ancora necessario andare in Svizzera a gennaio o a caccia in Spagna?

Il Forum Economico Mondiale, anche per chi vi partecipa, può essere, come mi ha detto una volta un direttore generale (uomo) "un po' caotico". La sicurezza è paragonabile a quella di un grande aeroporto. La sistemazione è di scarsa qualità e a meno che tu non sia il presidente degli Stati Uniti o di una delle banche più importanti del mondo, c'è la possibilità di essere alloggiati a Klosters, a quasi mezz'ora di auto. E se sei ancora più insignificante, come me, ti puoi anche ritrovare a dormire da qualche parte a metà strada verso Zurigo e a dover partire prima dell'alba per arrivare al meeting delle 8.00.

Quindi Davos è davvero necessario?

La risposta è sì.

I vari dibattiti si potrebbero anche vedere via web, ma il proliferare di social media rende l'interazione faccia a faccia ancora più importante. Proprio perché così in tanti si collegano grazie a internet, è difficile distinguerli tra loro. Bisogna incontrare di persona i vari individui prima di capire chi si desidera davvero nella propria community e chi invece si preferisce tagliare fuori.

Decidere chi includere nella rete

Io uso tre filtri, tra cui non figura la domanda: questa persona mi tornerà utile in futuro? Non solo è impossibile rispondere (molto meglio pensare che chiunque si incontri potrebbe avere un ruolo nel tuo futuro e trattarlo di conseguenza), ma usarla come filtro renderebbe egoisti e incapaci di costruirsi conoscenze durature.

I miei tre filtri (che per tanto tempo non mi sono nemmeno resa conto di usare) sono i seguenti.

1. Mi piace questa persona? Mi piace la sua compagnia, mi sento considerata da lei, sarei felice se fossi bloccata in un lungo viaggio in treno con lei?
2. Ammiro questa persona? Ammiro i suoi obiettivi, le sue qualità, per esempio la generosità e la gentilezza? Può essere una fonte di ispirazione? Può insegnarmi qualcosa?
3. Mi fido di questa persona? Magari all'inizio si tratterà di puro istinto, ma alla fine sarà l'esperienza a parlare, per questo ho l'abitudine di incontrare le persone più di una volta.

Per inserire una persona nella mia rete di contatti, non è necessario che corrisponda a tutti e tre i criteri. Naturalmente sarebbe splendido se fosse così, ma per essere disposta a costruire una relazione un solo requisito mi basta.

Qualunque filtro si usi, crearsi una rete di conoscenze è importante. So che per tanti, di entrambi i sessi, è difficile, ma per le donne sembra esserlo ancora di più perché, secondo un recente articolo pubblicato dalla *Harvard Business Review,* non riescono a coltivare ciò che l'autore definisce "capitale relazionale".[1] Alcune di noi non trovano il tempo, ad altre conoscere gente nuova non piace e così ci ritroviamo a non sopportare gli sforzi necessari per mantenere i contatti.

Ma se punti in alto, in qualunque tipo di professione, una rete di conoscenze non è solo una cosa che "è bene" avere, ma che "si deve" avere.

Quindi, esci e conosci gente.

L'approccio per creare contatti utili

Ecco alcuni suggerimenti di un libro sul networking pubblicato recentemente.

- Ricorda che gli incontri con la gente sono continui, quindi i contatti non si creano solo agli "eventi". Sviluppa uno stile adatto a te e mostra agli altri il tuo vero "io". L'alchimia personale conta tantissimo.
- Un ottimo punto di partenza è offrirti di aiutare qualcuno anche se a te non serve nulla. Decidi quali sono le due o tre cose per cui vorresti farti ricordare. Individua i tuoi punti di forza e sfruttali.
- Se sei disoccupata, procurati dei biglietti da visita professionali di alta qualità.
- Non denigrare mai gli altri, altrimenti la gente si chiederà cosa potrai mai dire alle sue spalle. E, dopotutto, il mondo è piccolo.
- Tieni un database: inserisci qualche dettaglio personale utile a rompere il ghiaccio con una certa persona, come il nome dei figli e, se possibile, l'ultima occasione in cui avete parlato e di cosa.[2]

Partecipa anche a eventi che a prima vista non avresti voglia di frequentare. Questo vale soprattutto all'inizio della carriera: non si sa mai chi potresti incontrare.

Ogni tanto mi accusano di essere disposta a partecipare anche all'evento per l'apertura di una busta. Non è affatto vero: dipende dalle dimensioni, dalla forma e dal colore. E, naturalmente, dalla carta. È vero però che quando ho cambiato lavoro per la prima volta e ho avviato la mia attività, ho cominciato a partecipare a qualunque evento, anche a quelli ai quali non ero invitata.

Quando nel 2000 ho smesso di lavorare per una banca di investimento, ho scoperto di essere diventata una nullità nel giro di una notte. D'un tratto tutte le manifestazioni del settore, a cui ero sempre stata invitata e che adesso mi rendevo conto pullulare di contatti utili, non sembravano più nemmeno considerarmi.

Uno di questi è stata la premiazione di società piccole e medie in un hotel alla moda di Londra. Decisi di andarci anche senza invito, usando lo stratagemma di comparire in abito da sera e pochette ma senza cappotto (erano i primi di marzo e si gelava), rientrando come se fossi solo uscita a fumare una sigaretta. Funzionò e così mi imbucai all'aperitivo chiacchierando con persone che già conoscevo e facendomene presentare altre: nessuno di mia conoscenza era senza invito.

Il problema sorse al momento della cena, perché non avevo un posto a sedere. Diedi una rapida occhiata al tableau dei tavoli e scoprii che ce n'era uno del *Financial Times*. Intrufolandomi in anticipo nella sala da pranzo, chiesi ai camerieri di aggiungervi un coperto.

Il tavolo era riservato alla sezione commerciale del giornale e gli ospiti erano tutti pubblicitari. Fui fortunata, perché erano così contenti di vedere qualcuno della sezione editoriale da non domandarsi nemmeno come fossi finita lì. Quella sera conobbi molte persone interessanti, con cui ho mantenuto i contatti tramite lettere e email. Suggerii anche a uno degli organizzatori conosciuto in quella occasione di invitarmi l'anno successivo, cosa che in effetti ha fatto.

Nel tempo mi sono imbucata praticamente a qualunque evento importante, sebbene sia sempre riuscita a trovare un modo legittimo per entrarci. Non intendo svelare quali eventi fossero né come ho fatto, in caso gli organizzatori decidessero di precludere le scappatoie a tutti!

Comprendere l'importanza delle conoscenze

Il fatto che le conoscenze siano importanti non è niente di nuovo: esiste persino un termine accademico – "capitale sociale" – coniato quasi un centinaio d'anni fa. Sull'argomento ho scritto la tesi di dottorato, ma non voglio tediarti con riferimenti alla letteratura scientifica. L'idea è che le conoscenze valgano per te – e, cosa fondamentale, per i tuoi datori di lavoro presenti e futuri – quanto i titoli di studio e l'esperienza. Quindi, se vuoi arrivare in alto, è importantissimo sviluppare una rete di contatti solida.

Due parole sulla parola "network", che in lingua inglese è abusata. Usata come nome, per esempio nella forma "social network" contraddistingue un "gruppo generalmente legato da rapporti informali o un'associazione di persone (amici o colleghi)". Usata come verbo, anche se io la odio in questa forma, può indicare "lo scambio di informazioni o servizi tra individui, gruppi e istituzioni; nello specifico per l'instaurazione di rapporti fruttuosi per la propria professione".

Nel ciberspazio si possono oggi costruire enormi "network personali" e non mi riferisco a realtà virtuali. Il numero di persone che conosci e la loro importanza non sono rilevanti quanto il grado di conoscenza che ti lega a loro. Io considero parte della mia rete chi risponde alle mie email e telefonate.

In quanti lo fanno con te?

Se mai ti dovesse venire in mente che avviare una carriera è troppo difficile e sospettassi di avere bisogno di una trasfusione di energia, fai in modo di ascoltare Lynda Gratton, docente di Management Practice presso la London Business School, la combinazione vivente di ispirazione e cultura. Per lei è stato inventato il termine "entusiasmo contagioso". Lynda, sette anni più di me, sembra cinque anni più giovane e ha l'energia di una persona con dieci anni in meno. Non è priva di ambizione, visto che ha dichiarato di voler "cambiare il mondo". Frizzante madre di due figli, cresciuta nella contea di Cumbria, nel Nord-Ovest dell'Inghilterra, ha pubblicato dozzine di articoli e sette libri, il più recente dei quali è *The Shift* sull'importanza delle conoscenze.[3]

Quando ho sentito Lynda parlare per la prima volta di questo argomento, non ha quasi mai usato la parola network. Ha coniato un termine che penso descriva il mio caso alla perfezione: "Comunità rivitalizzante". Geniale! È questo il senso di una rete di conoscenze: una serie di relazioni con individui che a loro volta ti presentano persone nuove. Qualunque rete – anzi, community – comporterà un vuoto fisiologico e gli individui giusti per colmarlo sono quelli che conoscerai tramite relazioni già esistenti, perché in realtà saranno pre-esaminati per te.

Nel suo ultimo libro Lynda scrive che per "creare valore" servono tre reti distinte.

La "Cerchia ristretta"

Si tratta del gruppo più vicino a te: sono le persone cui puoi affidarti per affrontare le sfide più difficili. Un gruppo ristretto con cui hai esperienze comuni, in modo che sia più facile capirsi e creare valore aggiunto. La tua Cerchia si fida di te, insieme avete vissuto tante situazioni e tu ci sei sempre stata per chi ne fa parte.

In ambito professionale la mia Cerchia ristretta sono i colleghi. Gestisco una piccola società con meno di venti persone, ma so che nel momento del bisogno potrei affidarmi a ciascuno di loro. Mi conoscono bene e si sono schierati con me in prima linea già più volte, abbiamo superato tante difficoltà (sia professionali che personali) e sanno che anch'io farei di tutto per loro.

A casa invece ci sono mio marito e i Centri di Costo, i miei genitori e un esiguo numero di amiche che farebbero qualunque cosa per aiutarmi, senza chiedere né giudicare.

Chi fa parte della tua Cerchia?

La "Rete delle grandi idee"

La seconda delle tre reti necessarie secondo Lynda per avere successo è quella delle "Grandi idee", composta da persone totalmente diverse da te. È dalla combinazione delle loro idee e delle tue che nascono quelle grandi, il cui scopo è farti distinguere dal branco. Lynda individua gli appartenenti a questa rete anche tra persone che incrocerai per caso o amici di amici.

Forse saranno diversissimi da te, ma insieme riuscirete a colmare il divario e a creare un legame.

Mentre la Cerchia potrebbe essere composta anche solo da tre persone, la Rete delle grandi idee potrebbe arrivare a includerne centinaia o migliaia. Lynda è convinta che possa essere anche virtuale, tramite Facebook, Twitter o qualche blog. (Immagino che non si riferisca a LinkedIn che, come si vedrà più avanti, ha un posto ben definito nella vita di una donna ambiziosa, ma non la aiuterà certo a creare grandi idee.)

Io non ho un profilo Facebook, ho un handle di Twitter, ma non lo uso e finora mi è capitato di seguire solo il blog dell'ex caporedattore del *Financial Times* in trasferta da Londra in Sudafrica (che comunque mi ha ispirato una grande idea: fare anche io quel viaggio). Forse la mancanza di interesse per il mondo virtuale è generazionale, ma capisco alla perfezione la necessità di una "Rete delle grandi idee". Ripensando alle mie grandi idee, sia al lavoro sia a casa, sono state tutte influenzate da persone con cui non avevo quasi nulla in comune.

La "Comunità rivitalizzante"

Infine, la terza rete di cui, secondo Lynda, si ha bisogno per avere successo è quella che chiama "Comunità rivitalizzante". Come ho già detto è un'espressione che mi piace molto e nel mio caso sospetto che "Rete delle grandi idee" e "Comunità Rivitalizzante" coincidano. Si tratta di una vasta rete di persone che non mi sono particolarmente vicine (o con le quali, in certi casi, non ho molto in comune), ma che rispetto, mi danno fiducia, mi interessano e di cui amo la compagnia. Oltre che fonte di ispirazione e di nuovi contatti, lo sono anche di idee preziose per raggiungere i miei obiettivi.

Lynda mi ha spiegato, davanti a un bicchiere di buon vino bianco italiano, che non aveva usato la parola "rivitalizzante" nel modo in cui l'avevo interpretata io. Per "Comunità rivitalizzante" intendeva una rete di persone che ti danno la carica, ti ispirano, ti smuovono e ti spingono ad agire. Io, invece, intendo persone che ripopolano una rete.

A ogni modo siamo d'accordo sul fatto che per le donne ambiziose una rete di conoscenze sia vitale.

Di comunità rivitalizzanti ne sa qualcosa Janet Hanson. Dirigente della Goldman Sachs – una delle più grandi banche d'affari del mondo – e madre di due figli, nel 1997 ha fondato il global network *85 Broads* – che prende il nome dall'indirizzo newyorkese della società –, per dare alle donne della Goldman Sachs, del presente e del passato, uno strumento per condividere carriera ed esperienze di vita. Conta attualmente più di 20.000 membri appartenenti a vari ambiti professionali e si tratta di una comunità rivitalizzante non solo per Janet, ma per migliaia di donne in tutto il mondo.

Mantenere i contatti

Un luogo ovvio ma fondamentale da cui partire è la società o l'organizzazione per cui lavori. I legami interni offrono supporto, informazioni precise e dritte su eventuali opportunità lavorative. A una rete simile dovrebbero appartenere gli individui più potenti di una società ma anche i dipendenti a tutti i livelli.

Nel 2011 una ricerca condotta tra più di cento donne con una posizione importante nei servizi finanziari ha concluso che molte si erano trovate di fronte ad atteggiamenti "poco collaborativi" da parte di altre, riluttanti ad aiutarsi a vicenda, perché nessuno l'aveva fatto con loro in prima persona.[4] Questo è un modo di pensare ottuso. Un libro sulla leadership femminile ricorda che per fare carriera "occorre anche sostenere i colleghi e non solo aspettarsi aiuto da loro".[5]

In altre parole è una strada a doppio senso.

E può diventare anche molto trafficata. La politica interna esiste in ogni società, grande o piccola, ed è un dato di fatto che alcune donne si siano mostrate riluttanti a parteciparvi, a scapito loro, secondo Avivah Wittenberg-Cox e Alison Maitland nell'utilissimo libro *Rivoluzione womenomics: perché le donne sono il motore dell'economia.*

> Quando le donne condannano la "politica" [sul lavoro] e se ne tengono alla larga, di fatto si autoescludono dal gioco, anche se non ne sono pienamente consapevoli. Dedicano tutto il loro tempo ed energie a svolgere al meglio le proprie mansioni. I datori di lavoro più accorti lo sanno (e per questo apprezzano le donne) ed è questa la ragione per cui esse hanno tanto successo a livello di management intermedio. Sono delle eccellenti api operaie, ma subiscono tutta la frustrazione di vedere che i colleghi che vengono promossi sono quelli che hanno dedicato un sacco di tempo a curare le relazioni, a costruire alleanze e a "lisciarsi" i superiori.[6]

Se vuoi puntare in alto, limitarti a fare il tuo lavoro non basta. Se vuoi fare carriera, hai assolutamente bisogno di una rete di conoscenze.

Come immaginerai, sono una ferma sostenitrice della costanza che, in genere, paga.

Crystal Christmas-Watson, direttrice generale del Residence Inn by Marriott a Pentagon City – una località della contea di Arlington in Virginia vicina al Pentagono –, è una giovane donna ambiziosa che aveva una gran voglia di guadagnarsi una posizione di rilievo nell'area vendite. Come raccontato dal sito Working Mother, aveva chiesto al suo capo di presentarle il direttore vendite locale in occasione della sua successiva visita in città.

L'incontro è stato cordiale ma breve e senza nessuna apertura ma Crystal ha insistito. "Ogni volta che veniva in città, gli chiedevo cinque minuti del suo tempo" ricorda ridendo. Otto mesi dopo è stata inserita nel programma di formazione dell'area vendite della società.[7]

Valutare le proprie conoscenze

Una delle cose più difficili nel costruirsi una rete di contatti è che potresti finire per avere un numero di membri di valore superiore a quello delle ore che hai in una giornata. Allo stesso tempo, è importante che tutti si sentano considerati da te, come mi ha detto l'anno scorso un banchiere: se un membro della mia community non si sente speciale, non vorrà più farne parte. (Voglio solo ricordarti, che per me qualcuno fa parte della "mia community" quando so per certo che risponderà a una mia telefonata o email.)

Pare che la maggior parte della gente non riesca a gestire una community con più di mille persone. La mia ne ha forse 2.500. Il segreto per essere certi di mantenere i contatti è vedersi il più spesso possibile. Gli studenti della teoria nota come "media richness" – letteralmente "potenza del mezzo" – sanno che l'email e altri mezzi di comunicazione elettronici (social media compresi) non sono strumenti particolarmente forti per costruire relazioni, cosa per nulla sorprendente se si considera che l'85 per cento della comunicazione è non verbale.

Però un rapporto a tu per tu con tante persone è difficile da costruire ed è facile "scoppiare", soprattutto all'inizio della carriera quando si cerca di costruirsi la propria comunità rivitalizzante.

Una mia dipendente di lunga data mi ha fatto conoscere la sua amica Marisa Leaf, fondatrice e direttrice generale della Hubbub, una società di catering di Londra. Marisa, poco più che trentenne, dice che è facile superare il confine tra lavoro e vita privata quando si gestisce un'attività in proprio, soprattutto avendo a che fare con un elemento sociale come il cibo.

"La maggior parte delle attività sono fondate su un certo tipo di rete: per me sarebbe facile passare ogni sera e ogni weekend a eventi di degustazione, cene, lezioni di cucina, conferenze, associazioni per imprenditori e così via perché sono innegabilmente utili... e anche divertenti. Ma la sovrapposizione di lavoro e vita privata, e il fatto di essere sempre 'in servizio', può diventare dannoso per il privato e per la propria lucidità mentale."

Come sostiene Marisa, gestire una rete è difficile.

Come organizzare il tempo in modo da incontrare

un numero sufficiente di persone, ma senza lasciarsi sopraffare?

Il tempo trascorso da soli – per pensare – ha un valore enorme, come ha potuto imparare Marisa.

Consiglio di riunirsi regolarmente a piccoli gruppi e una volta all'anno in un gruppo più grande. Ancor meglio se si riesce a organizzare un "evento riservato". Nel Regno Unito esistono eventi a cui la gente farebbe di tutto per partecipare.

Uno degli esempi più eclatanti è il gala di apertura del Chelsea Flower Show – uno degli eventi più importanti al mondo per gli amanti dell'arte dei giardini –, che si tiene la sera del lunedì della mostra, i cui biglietti costano fino a 500 sterline e sono così pochi che la maggior parte viene assegnata mediante votazione. Banche, società contabili e studi legali usano questo evento per intrattenere i clienti più in vista. Ti chiederai perché tanti dirigenti d'azienda e amministratori siano interessati ai fiori a tal punto da trovarsi nel Regno Unito proprio il terzo lunedì di maggio. È perché gli organizzatori sono furbi: invitano le mogli. Creando così un evento imperdibile.

Quando ho avviato l'attività, quasi sette anni fa, il mio mentore è stato il Ceo di una delle società di beni di consumo più grandi al mondo, il quale mi ha detto che l'importante è creare eventi.

Ho cercato di farne diversi.

Una volta al mese organizzo una colazione al Walbrook Club – un club privato nel cuore del *financial district* di Londra – in una sala riservata a sei-otto persone. La colazione è un'ottima alternativa perché richiede – a persone che sono molto impegnate – solo un'oretta di tempo e non le tre ore necessarie per una cena. Di solito invito un giornalista o un banchiere in modo che chi viene sappia della presenza di altri ospiti interessanti. Restringo la scelta sulle persone da invitare così gli ospiti si sentono speciali. Ogni giorno aggiungo qualche nome alla lista e, una volta al mese, spedisco gli inviti segnalando anche le date successive (in caso non possano essere presenti alla prima in calendario).

Un altro evento privato che organizzo ogni primavera è una giornata di tiro al piattello riservato alle signore per familiarizzare con lo sport (e tra di noi). Nel Regno Unito molti personaggi importanti di aziende, banche e studi legali hanno un "club" di persone che passano il tempo insieme andando a caccia di volatili. Non esiste un club "ufficiale", naturalmente... succede che la gente si incontra alle battute di caccia e crea rapporti invitandosi a vicenda. Conosco il Ceo di una società al quale, dopo la nomina, il presidente ha insegnato a sparare, nell'intento di sviluppare i legami di cui avrebbe avuto bisogno per essere un direttore generale a tutti gli effetti.

Esistono pochissime donne in questo "club", ma sparare è un bello sport anche per loro, perché (a differenza del tennis o del golf, per esempio) una donna può competere ad armi pari. Se non sei brava a golf, puoi seriamente minacciare il divertimento dei compagni di gioco. A caccia, invece, se non sei tanto brava (io, per esempio, sono mediocre), non influirai su nessun altro, a meno che naturalmente non gli spari contro, in stile Dick Cheney. Se non sei pericolosa e se sei di buona compagnia, ti inviteranno ancora. Per esempio io non sono mai stata molto brava a golf e, visto che Mr Moneypenny è bravissimo, è meglio non competere. Tra l'altro lui insiste nel darmi istruzioni di continuo: fai così, fai cosà, allarga le gambe e via dicendo. (Gli ho detto che se mi desse tutte quelle istruzioni a letto, ci guadagneremmo entrambi.)

Quindi, come sono entrata nel mondo della caccia? Dopo essermi resa conto che era utile per la mia carriera.

Per un anno ho preso lezioni e poi mi sono accordata con un'amica per organizzare una battuta di caccia, riducendo i costi e creando l'opportunità di conoscere i contatti di entrambe. Quando mi sono sentita pronta per organizzare il mio evento personale, ho chiesto al Ceo più importante che conoscessi di essere mio ospite e ho fissato un giorno che andasse bene a lui. Poi ho invitato altre persone, che sono venute solo perché c'era lui.

Ha funzionato.

Questo accadeva tanti anni fa e adesso sono molto più sicura di me, sia come organizzatrice sia come ospite. Ma gli inizi hanno avuto un grande valore.

Ora gestisco un'attività di successo e posso permettermi questo tipo di intrattenimento, ma dopo aver lasciato la banca di investimento, ho lavorato per anni come impiegata prima di riuscire ad acquistare una società mia. Durante quel periodo non guadagnavo molto e non potevo certo permettermi grandi spese.

Creai allora un evento privato diverso, che chiamai MM Club, in cui invitavo a cena una decina di persone che ammiravo, chiedendo loro di portare un'amica. Io pagavo la sala e le bevande, ma ognuna si sobbarcava il costo della cena. In questo modo ampliavo la mia community e, allo stesso tempo, tenevo bassi i costi. L'MM Club non esiste più, ma uso ancora la strategia del "portare un amico" per estendere i miei contatti.

Ho sfruttato anche le community altrui, in cerca di società rivolte a gruppi di persone simili a quello cui mi rivolgo io, ma la cui attività non è in competizione con la mia. (Anche altre organizzazioni lo fanno, soprattutto quelle di private banking.) Una volta all'anno ci riuniamo in un negozio di moda esclusivo che apre due ore prima servendo la colazione agli ospiti. Il risultato è che tra le 8 e le 10 del mattino noi riusciamo a incontrare un sacco di gente e il negozio ha l'opportunità di mostrare capi di vestiario, borse e accessori a persone che altrimenti, forse, non sarebbero entrate. Abbiamo già organizzato diverse versioni, più o meno in grande, con altri commercianti.

È da sempre che cerco di sfruttare le community altrui. Vent'anni fa, quando ero una giovane analista finanziaria che si occupava di società di tabacco, mi accorsi che Rothmans possedeva Cartier e Dunhill (ora Vendôme) ed entrambi sponsorizzavano le partite di polo più prestigiose del Regno Unito. Chiesi al mio contatto, il Cfo – direttore finanziario – di Rothmans, se potessi portare un gruppo dei loro investitori istituzionali (miei clienti) a una partita di polo. In genere si trattava di eventi dedicati a fornitori e clienti benestanti, ma furono felici di accontentarmi, e così riuscii a portare i miei clienti a un tè con la regina (che a quel tempo era solita sorseggiarlo alle partite e premiare i vincitori).

Quelli che ho riportato sono esempi in cui abbiamo cercato di trovare per i nostri eventi luoghi insoliti, in cui magari le persone non fossero mai state, usando i contatti importanti come garanzia.

L'importanza dei modelli

Alison Platt, direttore di divisione (Europa e Nord America) della compagnia di assicurazione sanitaria Bupa, ha acquisito sicurezza – tema chiave di questo libro – e saggezza dai modelli femminili che ha avuto.

Della precedente carriera dice:

“Solo ora mi rendo conto di quante poche cose sapessi. Forse avevo paura, ma una cosa che non mi mancava era la fiducia in me stessa, in parte grazie al fatto di avere avuto modelli femminili favolosi sia alla British Airways sia alla Bupa.[8]”

L'MM Club era un club femminile e spesso mi chiedono di parlare degli eventi per sole donne.

Sono utili? Le donne dovrebbero andarci?

Diciamolo: se gli uomini organizzassero eventi per soli uomini, noi ci infurieremmo!

Ma gli eventi per sole donne a me piacciono, perché penso siano delle prove per quelli “veri” (intendo quelli con entrambi i sessi), soprattutto perché spesso agli eventi “misti” partecipano in realtà “per la maggior parte uomini”.

Gli eventi aziendali per sole donne sono utili *pour encourager les autres*. Permettono alle donne di trovare dei modelli, di costruirsi una rete e di acquisire fiducia; il tutto senza i colleghi maschi.

Gli eventi per donne al di fuori dell'azienda offrono

l'opportunità di conoscersi e stringere amicizia chiacchierando di abiti, acconciature e figli, cose impossibili da condividere con un uomo. Non li considero come sostituti di altri momenti, ma una sorta di copertura aerea per le donne che, nel frattempo, si preparano per gli eventi misti.

Inoltre gli eventi per sole donne ti permettono di costruire rapporti senza che nessuno fraintenda le tue intenzioni. All'inizio della carriera (e anche dopo) gli sforzi per creare rapporti con membri dell'altro sesso possono portare a inviti galanti indesiderati. Ovviamente tutto diventa più semplice quando ci si sposa o si invecchia (e, nel mio caso, quando si ingrassa), ma è un elemento da considerare. Io sono favorevole a usare, quando appropriato, quello che la scrittrice Catherine Hakim chiama "capitale erotico" – una "nebulosa ma cruciale combinazione di attrazione fisica e sociale"[9] – anche se bisogna essere pronti all'eventuale rifiuto.

Le associazioni migliori sono quelle in cui la rete riservata alle donne esiste per motivi diversi dal solo fare conoscenze. Si prenda come esempio *100 Women in Hedge Funds*. La versione americana di questa associazione è un gruppo con interessi comuni che pubblica opere di spessore (su questioni esoteriche come la variazione del coefficiente alfa) e svolge attività caritative. Io sono favorevolissima a tutto questo, corrisponde ai criteri della mia organizzazione ideale: concentrata sulla propria attività e con uno scopo ben preciso.

Arianna Huffington è l'esempio di donna che si è costruita un'attività di successo grazie ai propri contatti. Ha fondato il sito di news e blog *The Huffington Post* nel 2005. Ha usato la propria rete di conoscenze per attirare migliaia di celebrità di primo rango, politici ed esperti, che scrivessero senza produrre costi.

Nel 2011 AOL – uno dei più importanti internet provider del mondo – ha acquistato *The Huffington Post* per 315 milioni di dollari.

Crearsi contatti è un investimento per la carriera

Costruirsi una rete di conoscenze rientra nell'ambito del pensiero laterale e ha lo scopo di cercare un modo per dare alle persone qualcosa che forse non riuscirebbero a ottenere in altro modo – l'accesso a un ristorante o a un evento esclusivo, l'opportunità di incontrare qualcuno che altrimenti non conoscerebbero mai, la possibilità di fare shopping alle 8.00 del mattino (cosa che, se sei una madre lavoratrice, è difficilissimo) – permettendo loro di essere sempre aggiornate sulle reciproche novità. Nel caso di Arianna Huffington, ha dato voce su internet a volti che, per quanto noti, altrimenti non l'avrebbero avuta.

E se lavori in un hedge fund? Se non fai niente di speciale o se vivi a centinaia di chilometri di distanza dal luogo in cui si tengono gli eventi?

Il mio consiglio è di partecipare virtualmente e poi, una o due volte all'anno, sostenere la spesa ed entrare in azione.

I due punti salienti sono:

- di persona è un'altra cosa

- l'importante sono loro, non tu.

Io non sono una fan degli eventi mirati a costruirsi una rete, specialmente a un certo livello della carriera. Per esperienza posso dire che sono molto più utili per chi si sta avviando e spesso capita che pullulino di gente che ha qualcosa da vendere, soprattutto se gli organizzatori dell'evento cercano di ricavare denaro.

Se vuoi costruirti una rete di conoscenze, cerca di agire, invece di pensare ai contatti in astratto.

Ecco cosa ho consigliato a una donna a un livello ormai avanzato della propria carriera.

- Iscriviti a un sindacato – va bene uno qualunque – e proponiti per una commissione. Se non vivi a Londra, attivati in un'associazione commerciale o professionale della tua zona.
- Iscriviti a un club privato e partecipa agli eventi. Può essere un club sociale o sportivo (un golf club, un tennis club). Più prestigioso è, meglio è.
- Scegli di sostenere un'associazione caritativa con un consiglio di amministrazione particolarmente prestigioso e per la quale nutri un sincero interesse. La maggior parte delle persone comincia offrendosi di collaborare per un evento specifico, poi entrano nel comitato di sviluppo e diventano soci onorari. (Ne riparlerò nel capitolo 8.)

In questo capitolo ho cercato di convincerti che per fare carriera hai bisogno di una rete di conoscenze, perché ciò che contiene il tuo curriculum in termini di titoli di studio ed esperienza non è sufficiente a portarti in alto. Ti ho suggerito alcuni modi per farlo, ti ho incoraggiata a superare qualunque esitazione tu possa avere e ho condiviso alcune mie decisioni.

Voglio darti un ultimo essenziale consiglio. Nell'era virtuale i biglietti di ringraziamento scritti a mano sono un modo per distinguersi dalla massa. Io mi faccio stampare dei biglietti personalizzati e li porto sempre con me per scrivere ai miei conoscenti dopo esserci incontrati.

Sii premurosa! Privilegia il contatto personale!

Ricorda che l'arte di costruirsi una rete sta tutta nel conoscere altre persone e nell'aiutarle.

COMPITI PER DONNE AMBIZIOSE

In qualunque fase della carriera

La rete di conoscenze che hai è adatta per la tua carriera?

Per scoprirlo comincia facendo un elenco delle persone con cui scambi opinioni (al di fuori di contesti puramente lavorativi):

- una volta al giorno
- una volta alla settimana
- una volta al mese
- meno di frequente (ma almeno una volta all'anno)

Ora scrivi i nomi su un foglio e unisci con una linea quelli che si conoscono tra loro.

Si conoscono tutti, o per la maggior parte?

Se è così, la tua rete è troppo "chiusa" per esserti utile.

All'inizio della carriera

Amplia la rete di conoscenze creando un tuo evento due volte all'anno. Se non ti senti abbastanza sicura, unisciti a un'amica e fatelo insieme. Ecco come.

- Pensate a una location di prestigio adatta a una cena per venti persone e prenotate.
- Fate un elenco di dieci donne più o meno della vostra età che conoscete, che ammirate e/o di cui vi fidate.
- Mandate una email e invitatele, esplicitando il co-

sto dell'evento e chiedendo loro di portare un'amica. Elencate i criteri per la scelta dell'amica: per esempio quella più promettente.

- La sera dell'evento fate un giro del tavolo e chiedete a ciascuna di presentarsi, raccontando alle altre una cosa di sé impossibile da scoprire su internet.
- Ogni volta ripetete il giro, chiedendo la stessa cosa alle donne presenti per la prima volta. E così via.

Ti garantisco che in questo modo, alla mia età, ti sarai costruita una rete di conoscenze anche migliore della mia.

A uno stadio più avanzato

Hai la sensazione di dover ampliare la tua rete di conoscenze?

Ecco qualche consiglio.

- Scrivi le cinque persone che conosci bene e che, secondo te, possiedono la rete di conoscenze migliore. Chiedi a ognuna di aiutarti ad ampliare la tua, anche se solo di una persona. Sarà utile spiegare loro che tipo di persone vorresti conoscere.
- Cerca di entrare in un'organizzazione no profit in cui mettere a disposizione le tue capacità, nel consiglio o in un comitato. Scegline una con un consiglio di amministrazione prestigioso (vedi capitolo 8).
- Prefiggiti lo scopo di conoscere gente nuova e di rimanere in contatto almeno una volta al mese.

CAPITOLO 3

NON È MAI TROPPO TARDI

In questo capitolo spero di spingerti a uscire dalla tua "comfort zone".

Troppe donne rinunciano con eccessiva facilità alle proprie ambizioni, spesso per il più semplice e futile dei motivi: "È troppo tardi".

Avevo ventisei anni quando mi sono resa conto di aver commesso un errore enorme. Ero per la quarta volta sul punto di sposarmi, quando ho avuto un'illuminazione: dovevo prendere una strada diversa. No, non ho mandato a rotoli il fidanzamento (essendo già stata fidanzata un bel po' di volte, ormai dovevo andare fino in fondo e sposarmi, altrimenti nessuno mi avrebbe più presa sul serio). Ho adottato però qualche precauzione per rimediare all'errore che, in realtà, riguardava più la mia vita professionale che quella privata.

L'errore che avevo commesso era quello di non essermi specializzata come commercialista. Quattro anni dopo la laurea mi ero resa conto che la contabilità mi piaceva e che, praticandola, ci avrei guadagnato in credibilità professionale. Rimane ancora oggi uno dei miei maggiori rimpianti (in generale non ho "rimpianti" e non mi sento mai "in colpa"… sono emozioni che richiedono troppa energia e rischiano di distrarre le donne ambiziose).

Perché non mi sono licenziata e non mi sono iscritta a un corso?

Ho pensato fosse troppo tardi. Ero abituata a vedere gente intraprendere la professione nel settore contabile subito dopo l'università. Lavorando ormai da alcuni anni, mi sono sentita esclusa per non aver cominciato in quell'ambito subito dopo la laurea e ho scartato di netto la possibilità di farlo a ventisei anni.

Troppo tardi, pensavo.

Troppo tardi?

Avevo ventisei anni. Ripensandoci ora, non posso crederci. Ero giovanissima.

Non molti anni dopo anche la sorella minore della mia "Amica di sempre" si è resa conto, a quella stessa età, che avrebbe dovuto studiare per diventare commercialista e le ha confidato che pensava fosse troppo tardi. Lei le ha risposto di non essere sciocca: non è mai troppo tardi, soprattutto a ventisei anni.

Ha lasciato il lavoro ed è entrata in una società contabile e ora, dopo più di vent'anni, viaggia per il mondo con il marito, mentre io vivo giornate lavorative di quarantotto ore.

Probabilmente una lezione c'è.

La verità è che non è mai "troppo tardi" per niente: per entrare in politica, per scrivere il primo romanzo, per twittare, per scalare l'Everest o per imparare a nuotare.

Non hai fatto una scuola superiore scientifica, perdendo l'occasione di diventare veterinaria?

Conosco una ragazza che ha preso due diplomi scientifici alle scuole serali (sono più facili quando si è più grandi, la cosa difficile è trovare il tempo) e a trent'anni si è iscritta a scienze veterinarie.

E io cos'ho fatto alla veneranda età di ventisei anni?

Mi sono iscritta a un master, che per molti equivale al "titolo di commercialista dei poveri". È stata una decisione difficile ma sono contenta di averla presa (ho anche sposato quel famoso fidanzato e sono felice anche di questo), però continuo a rimpiangere di non essermi accorta che non è mai troppo tardi.

Nel 1961 quando è morta Anna Mary Robertson Moses, il presidente John F. Kennedy ha rilasciato una dichiarazione elogiandone i quadri come fonte di ispirazione per gli Stati Uniti, dicendo: "Tutti gli Americani piangono la sua perdita". In occasione dell'ultimo compleanno della donna il governatore di New York Nelson Rockefeller aveva dichiarato che non esistevano "artisti più rinomati di lei nell'intero paese". Una volta il presidente Harry S. Truman ha suonato il pianoforte solo per lei.

Chi era questa donna che affascinava presidenti e appassionati d'arte in patria e all'estero?

Anna Mary Robertson Moses era più nota come "Nonna Moses", una donna che aveva cominciato a dipingere a settantasei anni, quando l'artrite le aveva ormai deformato le mani al punto da non riuscire più a impugnare un ago da ricamo. Aveva capito di non riuscire a stare senza fare nulla, anche dopo una lunga vita di lavoro in campagna, quindi aveva preso in mano il pennello.

Quando è morta, i suoi quadri erano ormai esposti nei musei di tutto il mondo.[1]

Perché è utile raccontare questa e altre storie simili? Dopotutto chiunque è in grado di prendere in mano un pennello nell'ultima parte della vita, no?

Il punto è che le donne tendono molto più degli

uomini a ostacolare i propri progressi. Affermare che è troppo tardi per fare qualcosa è l'ostacolo più frequente da superare.

Non farlo! Mai usare questa scusa!

Se ti ritrovi a dire "è troppo tardi", ci sono ottime possibilità che ti sbagli.

Innanzitutto, io odio le supposizioni. Una volta ho letto che il verbo "supporre" è tremendo perché "la supposizione ti fa passare per coglione" e, per quanto sia un po' volgare persino per me, è un'ottima cosa da ricordare.

Mai supporre.

Le donne sono persone impegnate – soprattutto se gestiscono in multitasking carriera-figli-marito – e, forse proprio per questo, è fin troppo facile che si convincano (o, ancora peggio, suppongano) di avere il futuro precluso da una porta ormai chiusa a chiave.

Non è mai troppo tardi (o troppo presto) per trarre ispirazione dagli altri

La televisione e i giornali sembrano sempre pieni di individui che si sono guadagnati il primo milione di euro ancora prima di raggiungere l'età per votare. In una cultura di celebrità che elogia dotcom di successo gestite da neolaureati – Mark Zuckerberg, il fondatore di Facebook, non ha ancora trent'anni – si potrebbe avere la sensazione di aver perso l'occasione se a venticinque anni non si ha già un conto in banca miliardario, se non si gestisce un sito che registra milioni di visite alla settimana o se non si compare di continuo sui tabloid.

Anche se sei all'inizio della carriera, è facile pensare di aver perso il treno. Forse se stessi "solo" studiando al college, e non avviando un'attività, non penseresti che sia troppo tardi.

Cerca di ispirarti a giovani che sono arrivate in alto e con cui riesci a identificarti – leggendo le classifiche delle "35 donne sotto i 35" di *Management Today*, sembra che tutto sia possibile – e, cosa ancora più importante, cerca di diventare anche tu così. La classifica del 2011 copriva un'ampia gamma di ambiti, con donne impegnate nel campo dell'ingegneria, dell'immobiliare, della biancheria intima modellante (sorprendentemente si è rivelato un gap nel mercato), occhiali da sole sicuri per bambini, noleggio di abiti d'alta moda (questo mi avrebbe aiutata a imbucarmi con stile a cene esclusive), snack sani e iniziative lodevoli come l'educazione alla salute infantile.[2]

L'unico svantaggio di essere così giovane – soprattutto per una donna – è che in un primo momento gli uomini più vecchi potrebbero non prenderti sul serio.

Stai all'erta e non preoccuparti.

Louise Hodge ha acquistato la sua attuale compagnia – la Pilot Flight Training – nel 2004, a ventinove anni. All'epoca aveva il brevetto di pilota già da cinque anni e volava con la scuola dell'Oxfordshire.

“ All'università già sapevo di volere un'attività in proprio. Adoro volare, così ho avvicinato il proprietario della Pilot Flight Training e gli ho detto: 'Lei sta invecchiando e dovrebbe andare in pensione, potrebbe vendermi l'attività!' Mi ha tenuta sulle spine per un anno, per accertarsi che fossi una persona seria, e mi ha venduto la società solo perché sapeva che ci tenevo e ne avrei avuto cura. Non ho dubbi: prima prendo le decisioni, poi rifletto. Non avevo idea di ciò che stavo facendo, ho imparato giorno per giorno; il primo mi sono sentita un pesce fuor d'acqua… il secondo ho chiesto allo staff di insegnarmi il mestiere. È stato strano passare dallo stato di studentessa a quello di boss, ma mi sono detta: 'Insieme ce la faremo'. Per finanziare l'acquisto ho usato il denaro risparmiato grazie al mio precedente impiego nell'Information Technology e alla liquidazione. Ho anche venduto la casa. All'inizio è stato difficile, essendo giovane e, per di più, donna. I clienti pensavano fossi la segretaria e si rivolgevano in automatico a un istruttore maschio. Io non ci facevo particolarmente caso: venivo dall'IT, ambito di dominio maschile per eccellenza, ed ero convinta che le persone avrebbero capito chi ero col tempo. ”

Altro campo prettamente maschile sono le costruzioni. Becci Taylor, trentun'anni, è stata una delle "35 donne sotto i 35" di *Management Today* nel 2011. Si è laureata in ingegneria alla Cambridge University ed è un consulente esperto di costruzioni alternative a basso consumo energetico presso la società Arup. Becci ritiene che essere una donna giovane abbia i suoi vantaggi.

“ Se hai successo da giovane, potresti ritrovarti a dare ordini a persone più grandi di te, che siano colleghi o imprenditori. Ho avuto qualche difficoltà a dare istruzioni a uomini più vecchi – per esempio project manager – ma penso che essere una donna giovane possa essere anche un vantaggio. Nell'industria delle costruzioni interagire con uomini più vecchi potrebbe essere più facile per le donne giovani che non per i loro coetanei maschi. Una volta superate le barriere iniziali, ci si può fare rispettare con più facilità, essendo considerate una sorta di novità. Sarà uno stereotipo, ma le donne in genere possiedono ottime capacità di comunicazione, qualità che aiuta. Quando ho diretto il mio primo progetto a ventisei anni, i costruttori con cui avevo a che fare e che dovevano completare e realizzare i progetti che io avevo iniziato, erano uomini sulla cinquantina o sessantina di grande esperienza, ma mi ascoltavano senza mai essere irriverenti. Da parte mia ho gestito la situazione senza arroganza e con profondo rispetto nei confronti loro e dei suggerimenti che mi davano. Il lavoro si è concluso senza problemi. ”

Anche se avere successo da giovani sembra inizialmente uno svantaggio, se gestito bene, potrebbe trasformarsi in un vantaggio.

Quindi, anche se non sei attualmente candidata alla vittoria di un premio per giovani di talento, la cosa splendida è che… non è mai troppo tardi!

Non usare la scusa dell'età

Nella primavera 2009 il mondo intero è rimasto affascinato dal video di una cantante. In sole tre settimane la sua esibizione è stata scaricata milioni di volte e la vera sorpresa è che non si trattava di una pop star famosa ma di una Scozzese sconosciuta di quarantasette anni che si esibiva in una canzone di ventinove anni prima tratta da un musical di Broadway.

Nessuno si aspettava granché quando Susan Boyle è salita sul palco del reality televisivo *Britain's Got Talent* ed ecco perché la sua esibizione di "I Dreamed a Dream" dal musical *Les Misérables* è stata tanto irresistibile. Inconsciamente, siamo portati a pensare che il successo venga da persone giovani e belle. Ci affascinano i bambini prodigio e i successi giovanili, per esempio di Mozart compositore a cinque anni e di Bobby Fischer vincitore dei campionati di scacchi a tredici. Quando un individuo ha successo, pensiamo sia qualcosa per cui si è allenato fin da piccolo... dopotutto Tiger Woods ha preso in mano la prima mazza da golf a due anni.

Ecco perché storie come quella di Susan Boyle rischiano di cogliere le donne di sorpresa. Troppo spesso arriviamo a una certa età e ci rassegniamo al fatto che la possibilità di diventare una pop star o di scrivere il romanzo del secolo sia sfumata per sempre. Susan Boyle, una sconosciuta zitella, ha realizzato due album, il primo dei quali ha venduto più di 15 milioni di copie in tutto il mondo.

Un tipo di carriera che molte donne hanno avviato in tarda età è la scrittura. Nonostante da ventenne avessi scritto tonnellate di rubriche (per me scrivere è sempre stato il secondo lavoro che mi aiutava a pagare le bollette), solo a trent'anni, quando sono diventata broker, ho cominciato a scrivere per il pubblico. Nel 1999, a trentasette, ho scritto la prima rubrica di Mrs. Moneypenny, che non mi ha elevata al rango di celebrità, ma che è stato un ottimo biglietto da visita in tante occasioni della mia vita.

Tante altre donne che conosco, di persona o di fama, hanno cominciato la carriera di scrittrici in tarda età.

La proposta del *Financial Times* è arrivata come un fulmine a ciel sereno, e non è cominciata bene. Stavano pensando di lanciare un magazine del weekend e volevano una rubrica sul "sesso al lavoro". Ho spiegato che pur avendo lavorato per una banca con, all'epoca, più di 70.000 dipendenti, non avevo mai fatto sesso con nessun collega (a meno che, con tanti uffici in tutto il mondo, non avessero assunto un mio ex fidanzato da qualche parte). Non avevo nemmeno mai fatto sesso in ufficio né combinato nulla con la fotocopiatrice durante le feste aziendali (non sapevo nemmeno dove fosse). Alla fine ho capito che volevano una rubrica sulla differenza tra i sessi al lavoro, e non sul sesso in sé.

Allora spiegai che probabilmente non ero comunque la persona giusta.

Perché io non credo al soffitto di cristallo e penso che il modo migliore per romperlo sia infrangere il mito che le donne possano "riuscire a fare tutto".

Ho cercato una serie di scuse per non occuparmi della rubrica (troppo impegnata, madre lavoratrice, intenta a finire il dottorato), ma nessuna ha funzionato. Da allora non ho ancora smesso di scriverla. L'unica cosa che non ho detto è stata: "È troppo tardi a questo punto della mia vita per cominciare a tenere una rubrica su un quotidiano nazionale".

Tante donne scrivono bene e lo scoprono solo a una certa età. Anche le madri single. Cosa sarebbe successo se Joanne Rowling avesse pensato che fosse troppo tardi per scrivere un romanzo per ragazzi con un maghetto occhialuto per protagonista?

Oggi sarà anche ricca, ma prima di pubblicare i suoi romanzi non aveva un soldo, era depressa, divorziata e cercava di crescere una figlia da sola frequentando, allo stesso tempo, il college. È passata dal vivere di sussidi pubblici a essere tra le donne più ricche del mondo in cinque anni di duro lavoro e determinazione e in un momento della vita più avanzato rispetto a quando la maggior parte delle persone avvia la propria carriera.

Una donna che ha cominciato ancora più tardi è Mary Wesley, il cui primo romanzo pubblicato è stato *Jumping the Queue*, uscito nel 1983 quando lei aveva settant'anni. È diventata una delle scrittrici britanniche di maggior successo, i suoi libri hanno venduto tre milioni di copie e dieci sono diventati bestseller. Il tutto negli ultimi vent'anni di vita.[3]

Non è mai troppo tardi per essere "irresponsabili"

Certe donne (le madri, in particolare) si sentono irresponsabili o egoiste a cambiare carriera e tornare a scuola per un master, incidendo sui costi e sulla sicurezza economica della famiglia, invece, a patto che la si coinvolga nella decisione, non c'è niente di irresponsabile nell'investire per la carriera.

Almeno non saresti una delle sempre più numerose ultracinquantenni che si lanciano da un aereo solo per il gusto di farlo. Secondo Age UK, un'associazione di beneficenza inglese che si occupa di anziani, gli sport estremi tra le ultracinquantenni sono in aumento. Se per praticarne uno c'è sempre un'età minima, non ce n'è una massima![4] Di certo tuo marito e i tuoi figli si preoccuperebbero più per una cosa del genere di quanto non farebbero se tornassi a scuola o cambiassi carriera. Nell'anno di pubblicazione di questo libro compirò cinquant'anni e sono determinata a investire più tempo per me stessa e per la mia salute. Anche se probabilmente non mi lancerò dalle Cascate Victoria attaccata a un elastico, potrei buttarmi in qualche sfida un po' meno terrificante.

L'anno scorso Annie Clarke di Suffolk ha voluto festeggiare il suo sessantesimo compleanno lanciandosi da un aereo a 13.000 piedi. Voleva farlo da sempre ma non ne aveva mai avuto l'occasione, così la temeraria Annie ha dimostrato che non si è mai troppo vecchi per provare esperienze nuove. In realtà potrebbe anche sembrare una novellina per questo sport, visto che si parla di paracadutisti novantenni. Ecco cosa intendo per invecchiamento "estremo".

Io ho imparato a pilotare un aereo a quarantasei anni e ho conseguito il brevetto Private Pilot Licence (Ppl) a quarantasette. Non ho lasciato che l'età pregiudicasse il conseguimento del titolo, anche se gli esami mettevano a dura prova la mia materia grigia. (Compreso uno in cui dovevo calcolare di continuo il centro di gravità di un aereo via via che si aggiungevano nuovi elementi: come ho cercato di spiegare all'esaminatore, quando una persona della mia stazza si trova su un aereo non importa cos'altro si aggiunge, perché il centro di gravità rimarrà fisso su di lei.)

Sono stata ispirata a voltare pagina da Polly Vacher, che vive nel mio stesso villaggio e che mette in pratica splendidamente il mio mantra "non è mai troppo tardi". Musicista di talento, madre di tre figli ed ex insegnante, a quarantacinque anni si è lanciata con il paracadute per raccogliere fondi per un'associazione. L'ha adorato e 245 lanci dopo ha imparato anche a pilotare un aereo, conseguendo nel 1994, a cinquant'anni, il Ppl. Polly continua instancabilmente a raccogliere fondi per l'associazione Flying Scholarships for the Disabled People (Fsdp) – il cui obiettivo è quello di insegnare a volare alle persone con disabilità – e nel 2002 è stata nominata Membro dell'Ordine dell'Impero Britannico per l'impegno nel volontariato.

Ha cominciato a farsi notare dal mondo – letteralmente – quando nel 2001 ne ha fatto il giro con l'aereo in 124 giorni, per sostenere la Fsdp. Ha compiuto la sua circumnavigazione verso est a bordo del più piccolo velivolo pilotato in solitaria da una donna passando per l'Australia: era un Piper PA-28 Cherokee Dakota G-FRGN a una turbina. Il viaggio comprendeva una tratta di sedici ore dalle Hawaii alla California... io ho fatto fatica a pilotare quei pochi chilometri fino a Southend!

Nel maggio 2003 Polly è partita da Birmingham volando verso il Polo Nord, l'Antartide e tutti gli altri continenti, per tornare un anno dopo nell'aprile 2004, diventando così la prima donna ad aver sorvolato in solitaria i circoli polari.

" Per me è diventata una fonte di sicurezza, e anche per i disabili per cui raccolgo fondi. Non pensavo di averne bisogno, ma dopo il primo volo in solitaria la fiducia in me stessa è aumentata a dismisura. Dipende tutto da come ci si prepara: l'addestramento alla sopravvivenza in ogni condizione mi ha dato sicurezza. Ho imparato a orientarmi con il sole (in caso il Gps si rompesse), a manovrare un canotto di salvataggio (visto che due terzi della superficie del mondo sono coperti di acqua). Ovviamente avevo paura dell'ignoto… dopotutto sono umana. ”

Polly incoraggia tutti a "continuare a imparare". Sono fortunata a vivere vicino a una persona che mi ispira e mi ricorda di continuo che, indipendentemente dall'età, c'è sempre qualcosa da ottenere dalla vita.

Ovunque tu viva, avrai delle donne a cui ispirarti, anche se non sono famose.

Conosci qualcuno che fa volontariato?

Contattalo e offriti per il prossimo evento che sta organizzando.

Conosci qualcuno con un incarico in politica a livello locale o nazionale?

Contattalo e offriti di aiutarlo nella campagna elettorale.

Non si è mai troppo vecchi per imparare e non si è mai troppo vecchi per offrirsi volontari.

Non sarà facile, ma non lasciarti ingannare: gli incredibili risultati descritti in questo capitolo, e in tutto il libro, non sono stati semplici da raggiungere. Mi viene in mente una frase del celebre poeta e sceneggiatore tedesco Bertolt Brecht: "Chi lotta può perdere, chi non lotta ha già perso".

Verissimo.

Il fallimento può farti sentire come se avessi preso una decisione sbagliata e fosse il momento di prendersi una pausa. È normale provare un misto di disperazione e tristezza quando qualcosa non funziona, quindi non sentirti incapace. Il libro *Backwards in High Heels* – di Tania Kindersley e Sarah Vine – ne parla in questo modo:

Il fallimento è ciò che mette l'anima allo scoperto; ti riporta a principi elementari e ti dà la possibilità di scoprire risorse interiori che non sapevi di avere. Ti permette di essere protagonista del tuo stesso ritorno [...] Nella vita reale il fallimento è terribile. Lo avverti quasi fisicamente, come se qualcuno ti colpisse a raffica con un oggetto contundente [...] può essere uno choc sconcertante [...] Morirai di vergogna.[5]

Ciò non significa che bisogna arrendersi.

A Carol Bartz, Ceo di Yahoo! Inc., è stato chiesto se avesse mai sofferto di scarsa autostima e ha risposto:

“ Certo. E mi capita ancora. Un po' di scarsa autostima è una cosa sana perché ti mantiene all'erta; ti esorta a fare meglio; ti porta a cercare di migliorarti. Penso che il fallimento sia una parte molto importante della vita. Bisogna fallire! Per forza. Se non fallisci mai, non puoi conoscere l'entità del successo. Io ho commesso molti errori, ma non ce n'è uno più grosso degli altri. Sbaglio qualcosa ogni settimana, ogni mese, ogni anno, oserei dire. Penso si debba avere il coraggio di dare vita alle proprie idee e di vedere quante falliscono. ”

Prima, nella stessa intervista, aveva detto:

“ È come sciare. Per imparare bisogna cadere. Io sono una grande appassionata di giardinaggio e se prima o poi non fai morire qualche pianta, non puoi sapere come si fa a coltivarle.[6] ”

Niente più estrogeni: che liberazione!

Conosco molte più donne che uomini ossessionate dall'età. L'aspetto fisico (il "capitale erotico") è uno dei nostri punti forti e vederlo sfiorire ci rattrista.

Personalmente so di essere molto sensibile a questa cosa (non che sia mai stata uno schianto di donna). L'anno scorso mi sono presentata struccata e con i bigodini in testa in studio per registrare la trasmissione e una signora del pubblico ha sottolineato quanto sembrassi giovane.

"In televisione sembra molto più vecchia" ha detto. "Sembra una cinquantenne!"

Le ho spiegato con calma che "ero" una cinquantenne e l'età non è stata più nominata.

Questo mi porta a un altro motivo per cui le donne non dovrebbero mai pensare che sia troppo tardi: con l'avanzare dell'età Madre Natura ci apre un sacco di nuove porte.

Finalmente ci liberiamo degli estrogeni.

Suona meglio dire così che "andiamo in menopausa", vero?

Io mi sono liberata degli estrogeni da tre anni anche se, a quasi cinquanta, sono ancora relativamente giovane, però non mi mancano per niente.

Forse a farmi sentire così leggera è la consapevolezza che, non potendo più avere figli, sono libera di convogliare le energie altrove o forse è solo l'assenza di ormoni fastidiosi. Qualunque sia il motivo, sento di avere l'energia e l'ambizione per affrontare la seconda metà della mia vita lavorativa (immagino di dovere lavorare fino a settantacinque anni e più) come ho fatto con la prima.

Sono anche riuscita a vivere questo cambiamento chimico senza ricorrere all'Hrt. (Nel remoto caso in cui un uomo stia leggendo questo libro, Hrt sta per Hormone Replacement Therapy, vale a dire una terapia ormonale sostitutiva. Un signore del pubblico di una trasmissione che ho presentato a Edimburgo nel 2010 pensava significasse High Resolution Television.)

Non che fossi contro l'Hrt – sono totalmente favorevole a ingoiare qualunque medicinale funzioni – ma ero terrorizzata all'idea di ingrassare ancora di più. L'unica volta in cui la mia sicurezza ha vacillato è stato quando il *Financial Times* mi ha mandata in Irlanda a scrivere un pezzo per la sezione "Tempo libero" del *Weekend Financial Times* e alloggiavo in un B&B ghiacciato. Mi sono svegliata alle tre di notte con la peggiore vampata di calore che avessi mai provato e, alle prime luci dell'alba, ero pronta a chiamare il medico per un appuntamento. Solo allora mi sono accorta di avere lasciato accesa la coperta elettrica.

Mi entusiasma il fatto che ci sia gente disposta a parlare della vita delle ultracinquantenni. Nel 2006 Nora Ephron ha pubblicato *Il collo mi fa impazzire: tormenti e beatitudini dell'essere donna*, una raccolta di saggi sull'invecchiamento,[7] e nel 2011 Jane Shilling ha pubblicato le proprie riflessioni sulla mezza età in *The Stranger in the Mirror*.[8]

Nello stesso anno Jill Shaw Ruddock, vera e propria pin-up delle liberate dagli estrogeni, ha scritto *The Second Half of Your Life*, secondo cui le donne senza estrogeni sono fertili sotto un'altra forma: producono idee e danno uno scopo alla vita.[9]

Forse la mia vita era povera di idee e di obiettivi prima?

Spero di no, ma immagino che troppe donne in là con gli anni non traggano il meglio dalle proprie abilità e dal proprio tempo.

Mi sono stufata di leggere le cose da fare in menopausa: se dovessi praticare esercizio fisico e sesso come dice Jill (il genere di libri di auto-aiuto che leggo di solito tendono a non suggerire l'acquisto di un vibratore) non mi rimarrebbe neanche un momento per le sfide verso cui spinge le donne. Chiaramente Jill Shaw Ruddock possiede un sacco di energia: ha anche fondato un'associazione di beneficenza per costruire centri sanitari e sociali che offrano opportunità alle persone nella "seconda metà" della vita.

Non è mai troppo tardi per scoprire la propria passione

Julia Child è sinonimo di eccellenza culinaria. Ecco perché potrebbe sorprendere sapere che a più di trent'anni ha dovuto chiedere cosa fosse uno scalogno. Era il 1948 e si era appena trasferita in Francia con il neomarito.[10] Non parlava Francese e sapeva cucinare appena, ma innamoratasi della cucina del posto ha deciso di imparare, studiando nella famosa scuola Cordon Bleu di Parigi. "E pensare che mi ci sono voluti quarant'anni per scoprire la mia vera passione" scriveva alla cognata.[11]

Per quanto avesse identificato la propria passione, è passato ancora parecchio tempo prima che le sue fatiche fossero ripagate. Ci sono voluti più di dieci anni e "diverse bocciature" perché il tomo scritto da Julia come co-autrice, *Mastering the Art of French Cooking*, fosse pubblicato e solo dopo i cinquant'anni ha cominciato a condurre la longeva trasmissione della PBS *The French Chef*.[12]

Sviluppare una nuova competenza a qualunque età può aumentare la fiducia in se stesse (ho già spiegato come la mancanza di sicurezza possa bloccare la carriera di una donna). Un libro che vuole dare uno sguardo alla sopravvivenza delle donne in ambienti lavorativi tradizionalmente maschili descrive la "sindrome dell'impostore", secondo cui le donne si mettono in dubbio e attribuiscono il successo alla fortuna, al tempismo, alle conoscenze e così via. Tale sensazione può aggravarsi laddove una donna lavora principalmente tra uomini, in quanto la sua sola presenza è una "stranezza" e il suo successo potrebbe essere considerato "sospetto". "Se pensi che il successo ti verrà incontro solo quando sarai perfettamente sicura di te" avverte l'autore "aspetterai per sempre".[13]

Sono d'accordo, perché il successo, anche in ambiti non lavorativi, aiuta tantissimo ad avere fiducia in se stesse.

Francesca Halsall è una nuotatrice inglese e a ventun anni è già stata campionessa europea, medaglia d'oro del Commonwealth e medaglia d'argento mondiale.[14] In un'intervista per il *Guardian* del luglio 2011, in vista delle Olimpiadi 2012, dopo la recente perdita del primato, Francesca non è apparsa per nulla scoraggiata e ha dichiarato:

“Sono stata la numero uno al mondo fino alla scorsa settimana e poi ho perso per un centesimo di secondo [...] In realtà mi piace che ci sia qualcuno che ha nuotato più veloce di me. Mi spinge a migliorare.”

È un atteggiamento vincente. Francesca ritiene che, oltre alle condizioni fisiche, è essenziale lo stato mentale.

“Ancora prima di salire ai blocchi, bisogna vincere con la mente. Se hai anche solo il minimo dubbio, non ce la farai. Io mi libero la mente e, appena prima di cominciare, mi dico una cosa semplice come: ‘Forza, Fran, puoi farcela’. E poi mi ripeto in quale stile devo nuotare.”

Dopo aver lasciato la scuola a quindici anni per intraprendere la carriera di nuotatrice, adesso, a ventuno, ha ripreso a studiare per il diploma in filosofia. Nel caso di Fran non si è mai troppo giovani e non si è mai troppo vecchi. In vista delle Olimpiadi 2012 ha dichiarato: “Sono pronta a picchiare duro”.[15]

Quindi non è mai troppo tardi per provare qualcosa di nuovo, che potrebbe portare sicurezza e successo.

Con cosa cimentarsi? Io credo molto negli obiettivi personali, che – se specifici, quantificabili, concretizzabili, realistici e al passo coi tempi (nel senso di obiettivi che rispettano una certa tempistica) – possono essere preziosi per contrastare i dubbi su di sé.

Nel 2010 il mio obiettivo era scrivere e mettere in scena un “Mrs Moneypenny show” all’Edinburgh

Fringe Festival (fatto); il passo in più è stato vederlo in trasferta a New York per una settimana.

Nel 2011 ho presentato una serie televisiva che è stata commissionata di nuovo per il 2012.

La mia sfida per il 2012 è intraprendere la strada verso il conseguimento di una qualifica da commercialista, il famoso "Cima" (Chartered Institute for Management Accountants).

A cinquant'anni è troppo tardi per diventare un commercialista?

Non credo.

Suona strano come modo di festeggiare il cinquantesimo compleanno?

Be', è perfettamente in linea con ciò che desideravo. È sempre stato il mio unico rimpianto non aver conseguito quel titolo. Altre magari desidereranno borse di Hermès, scarpe Jimmy Choo o lenzuola di seta. Regalarti qualcosa che hai sempre voluto mi sembra un ottimo modo per festeggiare un compleanno importante. Inoltre il solo fatto di provarci mi renderà più interessante e terrò la mente allenata. E poi potrebbe essermi utile per gestire la mia attività.

Quindi che c'è di strano?

La pensione apre nuove porte

Una carriera può cominciare da zero anche quando stai per andare in pensione.

Nel gennaio 2011 l'*Herald* ha riportato la storia di tre sessantenni che hanno avviato una nuova carriera in Scozia: una come praticante avvocato, una come prete e l'altra nell'immobiliare. L'articolo partiva dal post di un futuro avvocato sul sito *Legal Week*: "Ho ventisette anni e voglio diventare notaio. Mi chiedo se è troppo tardi anche solo per considerare il praticantato".

Ovviamente era una donna.

Troppo vecchia? A ventisette anni?

Leggi l'inizio di questo capitolo!

In Yahoo Answers un'altra persona ugualmente ansiosa chiedeva: "A trentun anni sono troppo vecchia per diventare uno chef?"

Ricorda: c'è un altro motivo importante per cui le donne devono bandire l'età dalle scuse per la mancanza di soddisfazione lavorativa: vivono più degli uomini.

Non so perché... dopotutto lavoriamo molto di più. Ciò nonostante quelle povere anime maschili sembrano andarsene prima di noi. Su scala mondiale le donne vivono molto più a lungo degli uomini. La differenza si sta assottigliando, ma nel Regno Unito le donne ancora vivono tre anni in più degli uomini (fino a 81,9 anni)[16] e negli Stati Uniti più di cinque anni (fino a 80,9 anni).[17]

Per la maggior parte di noi la pensione è molto più lontana di quanto non lo fosse per la generazione precedente. Lo stato delle finanze pubbliche, il penoso andamento delle borse, l'invecchiamento della popolazione fanno sì che arrivi solo dopo aver superato i settanta: questo è ciò che mi aspetto per me. A cinquant'anni prevedo di dover lavorare in futuro almeno quanto ho lavorato finora.

Non male come prospettiva.

Pamela Smith, la prima delle tre sessantenni intervistate dall'*Herald* è già nonna e ha fatto l'infermiera, l'istruttrice fitness, ha studiato zoologia e ha gestito un'attività in proprio: tutto questo prima che il figlio cominciasse a studiare legge. Poi ha scoperto il fascino dei suoi libri di testo ed è tornata all'università, incoraggiata dal marito, medico. Era vicina ai sessanta.

All'inizio del corso era in apprensione perché i suoi compagni avevano in media vent'anni, ma poi, non solo si è laureata, ha anche vinto un contratto da praticante presso uno studio legale di Aberdeen. A sessant'anni. Ho apprezzato questa sua frase: "Mi piace far parte della società, il cambiamento non mi inquieta. Voglio provare tutto ciò che c'è di nuovo".

La seconda protagonista dell'articolo è Sheila Cameron, che ha avuto l'incarico della sua prima parrocchia quando era già pronta per la pensione. Aveva fatto la bibliotecaria per quarant'anni, cosa che a quanto pare non le era mai piaciuta granché. La sua aspirazione era diventare operatrice sociale ma pensava che "sarebbe stato difficile ottenere i titoli necessari". Più avanti ha fatto un corso per diventare predicatrice laica e ha lavorato come volontaria in una parrocchia di Cambridge, insistendo con i vescovi di tutta la Scozia perché le trovassero un posto. Il quarto interpellato, vescovo di Edimburgo, l'ha assegnata alla parrocchia di St. Anne. A sessantadue anni.

Shonie White, la terza donna dell'articolo, ha sessant'anni e di recente, con il marito, ha fondato una società che si occupa di affitto e gestione di immobili a Dundee per proprietari privati. Entrambi pensionati, si erano trasferiti in Scozia e avevano acquistato due appartamenti come investimento per la pensione. Senza nemmeno accorgersene, si sono ritrovati a gestire decine di immobili. L'articolo dice che la donna è intenzionata a lavorare fino a settant'anni, anche se sembra avere concluso dicendo: "Ma chi lo sa?"

Shonie adora il detto di un'amica: "Non si invecchia mai, si cambia solo direzione".[18]

L'importante è agire: l'età è sempre giusta

Se stai leggendo questo libro all'inizio della carriera, questi racconti di ambiziose signore attempate ti sembreranno poco rilevanti. Partendo da tali presupposti, potresti trascorrere la maggior parte della vita facendo ben poco, per poi fare tanto dopo. Invece è una cosa applicabile a te come a chiunque altro. Come ho detto all'inizio del capitolo, avevo ventisei anni quando ho deciso, sbagliando, che era troppo tardi per cambiare direzione. Julia nel capitolo 1 (Ebbene sì! Eccola di nuovo! Per mettermi quel gloss sulle labbra ci è voluta una vita...) si è iscritta a un corso a trent'anni.

Non c'è mai un momento "giusto" per cambiare carriera, per avviare un'attività o per correre un rischio, come dimostrato da Catriona Welsby, una giovane madre che ha fondato il Brand Financial Training del Regno Unito, una risorsa online che offre strumenti di apprendimento per chi lavora nel settore dei servizi finanziari.

“La mia prima attività online (che gestisco tuttora) produce un reddito annuale a sei cifre [in dollari].

Pochi mesi dopo aver lasciato mio marito, essendo diventata una madre single, ho creato un'attività online [...] Ho raggiunto il successo quando la mia vita era nel pieno del caos: avevo lasciato la casa di mio marito e mi ero resa conto di dover mantenere me e mio figlio da sola. A meno di tornare a fare l'impiegata (no, grazie!), non avevo altra scelta che avviare un'attività in proprio. Invece di usare il caos come motivo per scappare da un datore di lavoro sicuro, l'ho usato come 'motivazione' per evadere. Mi sono attivata e ho fatto il possibile per avviare un business di successo.[19] ”

Come puoi capire se è il caso di cambiare direzione? Una checklist utile potrebbe essere la seguente:

- Ti alzi la mattina e al pensiero di andare al lavoro ti senti male?
- Hai la sensazione di creare poco valore aggiunto con il lavoro che fai?
- Ti capita di guardare il tuo capo e di pensare che non vorresti mai fare il suo lavoro?

Se hai risposto "sì" ad almeno una di queste domande, forse dovresti pensare di fare qualcosa di diverso.

Cosa?

Questo dovresti saperlo tu, ma se non hai idee, parti da una lista dei tipi di lavoro che ti piacerebbe considerare e trova qualcuno che si occupi di quegli ambiti per fargli qualche domanda. Chiedi alla gente di suggerirti qualche idea, stilane un elenco e depennale quando capisci che non fanno per te. Una volta che hai deciso cosa vuoi provare a fare, potresti dover usare il pensiero laterale per capire come acquisire esperienza nel campo in cui vuoi entrare (ho già parlato del pensiero laterale applicato alla carriera nel capitolo 1).

Molti cambiamenti professionali richiederanno un corso di aggiornamento o addirittura un nuovo titolo di studio. Come farlo, se necessario, dipenderà totalmente dalla tua situazione personale, ma è sempre meglio studiare per una nuova qualifica full-time, se possibile.

Hai già un mutuo?

Pensa di affittare la proprietà e di trasferirti da qualche parte dove puoi spendere meno. Una mia collega l'ha fatto, è stata via un anno, affittando il suo appartamento e tornando a vivere dai genitori mentre frequentava il master.

Hai figli?

Se sono piccoli, potrebbero gradire l'idea di vivere per un po' in un luogo diverso.

Tuo marito lavora e non può spostarsi?

Se hai un reddito famigliare di qualunque tipo, potresti pensare di chiedere un prestito per investire nella carriera.

So che ci sarà sempre qualcuna – e io sono una di queste – che non potrà fare a meno del proprio reddito. Io frequentavo un master part-time, lavoravo e ho avuto il primo figlio. Per poco non ci restavo secca. Ecco perché consiglio a tutte di cercare di frequentare a tempo pieno, ma se si ha una certa autodisciplina e si conoscono le proprie priorità, è comunque possibile.

In una nuova carriera dovrai ripartire dal basso.

Forse non ti piacerà, ma cosa preferisci? Un bello

stipendio per una cosa che odi o meno denaro e più soddisfazione?

Passiamo troppo tempo al lavoro... non può non piacerci. Se dimostrerai impegno, la differenza finanziaria sarà ben presto colmata.

In questo capitolo abbiamo visto com'è facile per le donne pensare "è troppo tardi" anche da giovani. Il ritmo della vita e le cose che ci occupano (lavoro, figli, genitori anziani e così via) contribuiscono a soffocare l'ambizione e/o a rinunciare a una carriera di un certo livello. Però viviamo più degli uomini e abbiamo tanti anni a disposizione per raggiungere i nostri obiettivi – pur con le difficoltà che incontreremo lungo il cammino – come le donne di cui ho parlato fin qui.

Non è mai troppo tardi per fare un passo avanti, qualunque siano le tue ambizioni.

Puoi farcela!

COMPITI PER DONNE AMBIZIOSE

All'inizio della carriera

Come puoi definire la tua ambizione?

Scrivi cosa ti piacerebbe fare tra dieci anni. Non intendo cose come "avere un ruolo di spicco in una banca di investimento" né "dirigere altre persone/lavorare all'estero/guadagnare più di 200.000 dollari" o simili.

Scrivi i motivi per cui potrebbe non succedere.

Cerca di capire come affrontarli.

Devi sviluppare un approccio flessibile, quindi scrivi quale pensi possa essere la tua carriera alternativa. Come un pilota che mette a punto un piano di volo, devi sempre avere un aeroporto alternativo in caso, per qualunque motivo, tu non possa atterrare alla destinazione prefissata.

Pensa alla tua carriera in questo modo.

Cos'altro ti piacerebbe fare se il piano A non funzionasse?

A metà carriera

Dai una controllata alla tua carriera per accertarti di avere i piedi per terra. Le donne vivranno anche di più, ma non credo che tu voglia perdere troppo tempo.

Sii sincera con te stessa: i tuoi piani funzioneranno?

Fatti la domanda dei dieci anni (vedi sopra), o dei cinque.

Riesci a vederti al posto del tuo capo? Se no, perché rimanere?

Scrivi i motivi e rifletti ci su.

Sono abbastanza forti da farti rimanere dove sei?

Se sì, stabilisci una data per passarli di nuovo in rassegna e rispettala.

C'è qualcosa che blocca la tua carriera?

Scrivilo e scrivi anche come affrontarla.

C'è qualcosa al di fuori del lavoro che vorresti avere fatto?

Magari imparare a suonare uno strumento musicale, entrare in un coro, scrivere un romanzo, attraversare la Manica a nuoto o battere un record mondiale. Scrivi tre cose che vorresti fare e punta a realizzarne una all'anno.

Quando la pensione si avvicina

Dare una controllata alla propria carriera è utile in ogni fase, anche se sei vicina alla pensione. Io preferirei un "aggiustamento di carriera" al posto della "pensione": spero di passare gli ultimi quindici anni della mia vita lavorativa insegnando. Se hai messo da parte abbastanza denaro, ti consiglio di darti al volontariato.

È il momento per un nuovo progetto!

Scrivi le tre carriere che avresti preso in considerazione se non avessi perseguito la tua.

Perché non provare con una di quelle?

Cosa te lo impedisce?

Come puoi superare il blocco?

CAPITOLO 4

È ORA DI DIRE NO

No!

Dillo.

Ancora.

Dillo a voce alta.

Visto? Non è così difficile, vero?

Invece sì. Le donne fanno fatica a dire di no, ma riuscirci ti aiuterà a costruirti la tua carriera ideale quanto altre abilità in tuo possesso, se non di più.

Perché per le donne dire di no è così difficile?

Perché siamo portate a compiacere gli altri. Sembra che gli uomini siano nati per agire e le donne per compiacere.

Kevin Leman, autore di *Smart Women Know When to Say No*, si concentra sui motivi per cui molte donne tendono al "compiacimento estremo",[1] come lo chiama lui. E ritiene che:

- imparino a compiacere già da piccole
- godano di scarsa autostima
- desiderino che tutti siano felici
- si vedano inferiori agli uomini
- abbiano bisogno di sentirsi "brave ragazze" per avere l'approvazione degli altri.

Non è un bel quadro, vero?

Il nostro problema, a quanto pare, è che siamo creature "comunitarie". Secondo un altro libro sull'argomento, *Women Don't Ask*, siamo meno attente ai nostri stessi bisogni di quanto non lo siamo al benessere altrui. Gli autori parlano di sindrome della "brava ragazza" e dicono che le donne sono state educate a essere "orientate verso l'altro"; ciò significa che si preoccupano di continuo dell'impatto delle proprie azioni sugli altri.[2]

Gli psicologi parlano di "autoschemi" (il modo in cui ognuno vede se stesso). Susan Cross e Laura Madson, psicologhe sociali, sostengono che gli uomini tendono all'indipendenza e le donne all'interdipendenza.

Gli uomini con lo "schema indipendente" si concentrano sulle proprie preferenze e sui propri obiettivi personali, perseguendo relazioni più strumentali e meno intime, numerose ma poco profonde dal punto di vista personale.

Le donne con lo "schema interdipendente" invece hanno come obiettivo principale quello di creare rapporti solidi e custodirli.[3] (In teoria, quindi, dovrebbero essere più abili nel costruirsi una rete di conoscenze.)

La cosa certa è che per noi dire di no è difficile.

In questo capitolo spiegherò perché dire di no è importante per arrivare in alto e come riuscirci al meglio.

Fare le scelte giuste

Per costruirsi una carriera di successo è fondamentale compiere le scelte giuste. Non sei mai né troppo giovane né troppo vecchia per questo, anche se le decisioni cambiano con il passare del tempo. A quattordici, a quaranta, o a quattro anni dal tuo ottantesimo compleanno, avrai solo e sempre ventiquattro ore al giorno e dovrai usarle bene.

La gestione del tempo è un argomento a parte e ne parleremo nel capitolo 6, ma prima di arrivare a quel punto, dobbiamo imparare a dire di no.

Quando dico che saper dire di no è un'abilità chiave, le più giovani pensano che mi riferisca al sesso e alla droga e che si applichi a uomini e donne. Certo, la vita può essere ricca di tentazioni quando ci sono tante cose sul piatto, da un dolcetto goloso a una sigaretta arrotolata a mano.

La tentazione interesserà entrambi i sessi, no?

Dopotutto da quando Eva ha colto la mela, tutti hanno avuto problemi a dire di no.

È ovvio che gli uomini quanto le donne debbano imparare che uscire a divertirsi la sera prima di un esame importante non è proprio un'ottima idea, anche se dire di no a qualcosa che si farebbe molto più volentieri dello studio è difficile. Sicuramente entrambi i sessi devono imparare il concetto di gratifica differita, altra capacità che è bene avere, ma le adolescenti vogliono essere amate, mentre i ragazzi vogliono solo essere ammirati. Ecco perché le femmine sanno stare in gruppo mentre i maschi finiscono per diventare dei leader.

Sembrano banali generalizzazioni, ma... sai una cosa?

Guardati attorno e dimmi che mi sbaglio!

Io odio dire di no.

Soprattutto quando influirà sulle persone cui voglio bene. L'anno scorso io e Mr Moneypenny abbiamo ricevuto una lettera dalla scuola del nostro Centro di Costo n° 3, secondo cui i colloqui con gli insegnanti sarebbero stati un lunedì sera quattro settimane dopo. Noi avevamo già altri impegni. Il Centro di Costo n° 3 era al primo anno di scuola media e aveva qualche difficoltà, quindi era importantissimo incontrare gli insegnanti e trovare il modo migliore per sostenerlo, eppure io ho detto subito a Mr Moneypenny che non avrei potuto andarci.

Perché?

Perché il mio impegno di quella sera era un'importante riunione di comitato.

Più importante dell'opportunità di favorire i progressi scolastici di mio figlio?

Dal mio punto di vista, sì.

Ecco gli elementi che ho considerato prima di prendere una decisione.

- Il comitato di cui faccio parte organizza un evento di beneficenza annuale di alto profilo.
- Ci incontriamo solo tre volte all'anno.
- I membri sono alcuni degli uomini più influenti della City di Londra, che avrebbero potuto (e potrebbero tuttora) essere utili per il mio lavoro.
- Ero membro solo da due anni e dovevo ancora dire la mia sull'organizzazione dell'evento, visto che avevo saltato il primo incontro.
- Non potevo mandare nessun altro al mio posto.

Quindi ho preso la dura decisione e ho detto no ai colloqui.

L'impegno di mio marito invece era una lezione di cricket alla squadra femminile locale, cosa che avrebbe potuto benissimo delegare (come ha fatto) al nostro

Centro di Costo n° 1. Io sono andata al mio comitato e Mr Moneypenny all'incontro con gli insegnanti. Il Centro di Costo n° 1 ha fatto in modo di sbrogliarsela per un'ora con ventuno signore di età, dimensioni e forme assortite su un campo da cricket.

È vero che, in realtà, non sono portata per i colloqui con gli insegnanti. Mi sembrano sedute di Speed Date: cinque minuti con ogni professore prima di passare al successivo. Credo che nessuno possa illustrare sul serio i progressi dello studente in cinque minuti (non più di quanto si possa trovare un partner nello stesso tempo). Ma sarei andata, se non avessi appurato che per la mia carriera sarebbe stato più utile partecipare al comitato. E – cosa fondamentale – ho compensato il fatto di non esserci andata:

- mandando Mr Moneypenny
- spiegando al Centro di Costo n° 3 il motivo per cui non sarei andata
- spiegando agli insegnanti il motivo per cui non sarei andata
- andando a parlare con loro un altro giorno.

Ebbene sì, ho fatto fatica a dire di no, ma ho imparato che farlo è importante, anche se non sempre nel momento in cui lo faccio mi sento bene.

È un caso di dolore a breve termine per un vantaggio a lungo termine.

Forse il Centro di Costo n° 3 avrebbe voluto che andassi ai colloqui, ma non mi ringrazierà di certo quando non potrò aiutarlo a finire l'università perché il mio lavoro è in crisi.

Conoscere le proprie priorità

Io ho delle priorità, utili per valutare ogni richiesta di dispendio di tempo e, se non ne vale la pena, dico di no, per quanto nel breve termine mi senta in colpa.

Le mie priorità sono le seguenti:

- il mio lavoro
- i miei figli
- mio marito
- i miei amici
- me stessa.

E le tue?

Identificale e scrivile.

Ricorda: le priorità sono diverse dagli obiettivi.

Conoscendo le tue priorità, saprai se sarà il caso di dire di no a una certa proposta.

Per esempio immagina di dover partecipare all'addio al nubilato di un'amica o di tua sorella. Per quello stesso weekend ti viene chiesto di tenere una conferenza interessante ma poco importante per il tuo lavoro. La tua risposta, spero, sarà no. Con la conferenza ti faresti un po' di auto-pubblicità, ma se te l'hanno chiesto una volta, te lo chiederanno di nuovo. Valuta la cosa in base alle priorità (nel mio caso la famiglia e gli amici vengono prima di me) e l'addio al nubilato avrà la meglio.

E se invece la festa di tua sorella cadesse nell'ultimo weekend di gennaio e tu fossi tra i Giovani Leader del Forum Economico Mondiale e fossi invitata al meeting annuale? In questo caso, sono pochissime le donne a cui consiglierei di rinunciare per festeggiare la sorella. Forse potresti tentare di spostare il weekend o semplicemente di spiegarle che devi disertare la sua festa nell'interesse della tua carriera.

Non sarà piacevole, ma sarà la cosa giusta per arrivare in alto.

Dosare bene le energie

Darsi delle priorità è fondamentale, perché non si può essere in due posti nello stesso momento, ma anche se nessun evento si sovrappone, devi ricordarti della priorità per eccellenza: conservare le energie.

L'energia è il marchio del successo e la tua energia viene da un'unica fonte: te stessa.

Di tanto in tanto tutti dobbiamo dire di no per conservare le energie e concentrarci sul successo.

So per esperienza, e grazie alle tante madri lavoratrici che incontro ogni giorno, che la mancanza di sonno può annientare le energie e la capacità di concentrarsi più di qualunque altra cosa. Di recente ho parlato con una collega, brillante nel suo lavoro, ma apatica, perché troppo stanca. La figlia aveva cominciato a svegliarsi parecchie volte nel cuore della notte e ad andare in camera dei genitori. Ho cercato di far capire alla mia collega che una bella notte di sonno sarebbe stata l'ideale, nell'interesse di tutti: una settimana di lavoro produttiva avrebbe assicurato una base economica solida per il futuro della figlia e questo era più importante del fatto che la bambina preferisse essere riportata a letto dalla mamma piuttosto che dal papà.

Le ho consigliato di cercare di dormire almeno una notte intera a metà della settimana. Un'idea poteva essere quella di trasferirsi nella camera per gli ospiti con i tappi nelle orecchie, lasciando che fosse il marito a occuparsi dei risvegli notturni della piccola, un'altra invece andare da un'amica o ospitare sua madre per una notte.

Consigli semplici, ma quando non dormi, potresti non riuscire a trovare soluzioni banali come questa da sola. È facile essere strategici quando hai dormito abbastanza!

Di recente mi è stato chiesto di parlare all'evento di un'associazione di beneficenza. Era un'ottima causa, l'invito era ben scritto e il consiglio di amministrazione dell'associazione è presieduto da un imprenditore di eccellente reputazione, però ho detto di no perché non avrebbe giovato al mio lavoro. Oltre al presidente (prossimo alla pensione), nessun altro membro dell'associazione o del pubblico sarebbe stato di importanza rilevante per me. L'associazione non apparteneva a un ambito che riguardasse la mia attività, né i miei interessi personali né quelli della mia famiglia. Gli unici beneficiari della mia partecipazione sarebbero stati (eventualmente) i destinatari della beneficenza. Non mi piaceva l'idea di chiedere un compenso per il mio intervento e comunque, trattandosi di beneficenza, non la tariffa intera.

Ho deciso di dire di no. Ho chiamato il mio manager (in caso non avessi pensato a qualche potenziale rischio per la mia reputazione) e lui si è mostrato d'accordo con me. È il manager di altre persone – molte delle quali più famose di me – e mi ha detto che anche loro avevano ricevuto parecchie richieste simili e avevano rifiutato.

Alla fine ho detto di no.

Mi sono sentita in colpa per mezz'ora – dopotutto era una causa meritevole – ma mi sono guadagnata una sera in più con la mia famiglia e sono rimasta concentrata sulle mie priorità. Era quella la scelta migliore per la mia carriera.

Che cuore di pietra, penserai.

Non è vero. Anzi, se avrò una carriera di successo potrò fare beneficenza in modo molto più proficuo. Come amo spesso ricordare, il modo migliore per aiutare i poveri è non diventare uno di loro.

Liz Rosenberg è una donna di grande forza di carattere. Tanto meglio perché la sua professione richiede spesso che dica di no. Di donne ambiziose ne sa qualcosa, visto che lavora per una delle figure femminili di maggior successo al mondo: Louise Veronica Ciccone, più nota come Madonna.

Se mai vorrai vedere in azione il potere di un rifiuto, procurati il pass per una conferenza stampa di Madonna, come quella in cui ha lanciato la nuova linea di abiti per ragazzi da lei firmati per i grandi magazzini Macy's. I giornalisti erano attentamente gestiti dalla Rosenberg, che ha impedito di fare domande su qualsiasi cosa di diverso dall'abbigliamento.[4] Ogni tentativo di infrangere la regola – alcuni ci hanno provato – ha portato a un immediato rifiuto. La Rosenberg ha perfezionato l'arte di dire no a vantaggio della sua cliente, perché potesse mantenere la concentrazione ed esaltare il marchio.

È un esempio da seguire.

Dire no a volte paga

Un àmbito cruciale del dire di no è quello dello stipendio. A questo proposito il divario tra i due sessi è noto a tutti. Per la cronaca, non credo esista una cospirazione maschile contro le donne perché siano sottopagate. Penso sia semplicemente perché queste non chiedono di essere pagate di più.

Ancora una volta la tendenza a compiacere, sommata all'insicurezza, è alla base di tutto. Ci mostriamo pateticamente grate di ricevere qualsiasi stipendio e consideriamo le altre ricompense (la flessibilità, un'occupazione interessante, il senso di soddisfazione) motivi per non chiedere nulla di più.

Ma se lavori in un ambiente maschile, dovresti chiedere una paga da uomo.

Se ti offrono qualcos'altro, devi solo dire di no.

Gli uomini non ci pensano due volte.

Parlavo di stipendi con un uomo di successo che lavorava da molto tempo per una grande società internazionale. Nell'anno precedente aveva dedicato ore e ore ai rapporti con i principali clienti, alla gestione delle risorse coinvolte e allo sviluppo delle loro potenzialità tutto a vantaggio del suo datore di lavoro. Era assolutamente sicuro dei risultati ottenuti. Al momento della distribuzione dei premi annuali, quando gli hanno detto la cifra che intendevano dargli, già predisposta in una lettera ufficiale pronta per essere trasmessa, ha risposto, con tutta calma, di tenersela pure e ha suggerito gentilmente al suo capo di dimenticare quell'incontro e fissarne un altro la settimana successiva, come se il primo non fosse mai avvenuto.

Così facendo, ha detto un no deciso alla prima offerta. La settimana seguente c'era una nuova lettera ad attenderlo, con una cifra più alta.

Quante donne l'avrebbero fatto?

La maggior parte, secondo la mia esperienza, avrebbe accettato la prima offerta e poi sarebbe andata in giro a lamentarsi.

In un libro sulla negoziazione femminile, la psicologa Patricia Farrell attribuisce la riluttanza delle donne a dire di no all'importanza che danno alle relazioni. Secondo lei una donna fa fatica a credere che un esito negativo non avrà per forza un effetto altrettanto negativo sulle relazioni.[5] Potrebbe essere addirittura disposta a rinunciare a una discussione con il capo sullo stipendio per paura di compromettere il rapporto per sempre.

C'è anche il problema degli stereotipi, secondo cui le donne "sono gentili" o almeno "dovrebbero esserlo". Nel mondo del lavoro ciò significa che una donna dovrebbe bilanciare un tipico comportamento maschile (che la rende molto meno attraente, per esempio mostrarsi più sicura delle proprie capacità e a proprio agio con il potere) con un'attitudine a conformarsi alle aspettative (per esempio essere "gentile").[6]

È un altro modo per dire che alla gente non piacciono le donne che si comportano come gli uomini. Il solito giudizio sbilanciato è che: "Un uomo è leader, mentre una donna è aggressiva". Per avere l'aumento di stipendio che meriti, quindi, devi essere forte quanto un uomo, ma con i modi di una donna.

Stabilisci un obiettivo per la prossima revisione di stipendio.

Quanto ti pagano adesso e quanto pensi dovresti prendere? Perché?

Fissa un prezzo di riferimento e considera se la cifra che hai in mente è fattibile. Se lavori in una piccola azienda con margini stretti, magari non riusciranno davvero a darti lo stipendio che meriti.

In questo caso, gli altri vantaggi che hai (la flessibilità e così via) valgono lo sconto?

Se la risposta è no, licenziati e trova un posto in una realtà più grande.

Se invece per l'azienda la cifra che hai in mente sarebbe fattibile ma ti offrono meno, limitati a dire di no.

Non è necessario urlare o mettersi a piangere. Fai una prova di ciò che dirai con gli amici o con il partner. Quando gli imprenditori o i leader politici sanno di dover sostenere un'interazione difficile con altri – per esempio un'intervista dal vivo in televisione – fanno quasi sempre delle prove per essere certi di apparire sicuri di sé e non arroganti. Anche tu devi farlo prima di qualunque discussione sul tuo compenso.

Prendiamo un esempio diverso. Sei stata avvicinata da un cacciatore di teste, o hai risposto a un annuncio per un nuovo impiego. È un lavoro che ti piacerebbe e rappresenterebbe un bel salto di carriera, interessante e gratificante. Ti viene fatta un'offerta, ma lo stipendio non è quello di cui hai bisogno o quello che credi appropriato.

Come fai a dire di no?

Semplice.

Rispondi per iscritto spiegando, educatamente, quanto vorresti per accettare il posto e i motivi per cui ti piacerebbe averlo, ma per cui sei convinta che il compenso non sia adeguato e, cosa ancora più importante, quale compenso riterresti appropriato e perché.

Questo non significa che alla prima offerta devi sempre dire di no. Le società specializzate nello "head hunting" di manager passano la maggior parte del tempo a mediare accordi tra datori di lavoro e potenziali lavoratori e so per certo che si irritano molto quando un candidato rifiuta la prima offerta solo perché pensa sia quella "iniziale". I datori di lavoro riflettono con attenzione sulle offerte che propongono, cominciano a pensarci molto prima e ne discutono con la società di ricerca che lavora per loro. Prendono in considerazione gli stipendi sul mercato per quel determinato ruolo, i compensi correnti dei candidati e gli stipendi all'interno della loro stessa azienda.

È raro che pensino: "Diamogli meno che possiamo!"

Invece alcuni candidati – pochi, per fortuna – sembrano credere che i datori di lavoro si comportino così.

Può essere anche che la prima offerta sia quella giusta: dovresti avere in mente quella che per te è ideale già durante i vari colloqui e averne discusso con il cacciatore di teste. Poi, quando arriva, se corrisponde al tuo obiettivo o gli si avvicina molto, dovresti accettarla.

Dire no alle *avances* maschili

Anche se è importante riuscire a dire di no, non è una cosa che alle donne piace.

Prendiamo il sesso, per esempio.

A quante è capitato di fare sesso pur non avendone voglia?

E non sto parlando di stupro, ovviamente. Mi riferisco al sesso in un normale rapporto quando non ne hai davvero voglia, ma sei convinta che dire di no sia troppo difficile. Scommetto che la maggior parte delle lettrici dovranno ammettere di sapere esattamente cosa intendo.

Perché secondo te le donne a volte fingono l'orgasmo?

Come ho detto, siamo portate a compiacere gli altri.

A proposito di sesso, c'è un'occasione importante in cui dire di no quasi in automatico. È quasi inevitabile che a un certo punto della carriera ti venga chiesto un rapporto più intimo da qualcuno con cui lavori: un collega o un cliente.

Forse sarà in una posizione più elevata della tua, o forse no.

Forse avrà la possibilità di agevolarti nella carriera, o forse no.

Spesso avrà già una relazione, o sarà sposato... e magari lo sarai anche tu.

Questo libro non vuole dettare principi morali, ma ha lo scopo di aiutarti a costruire una carriera di successo. Puntare in alto andando a letto con qualcuno è, diciamolo, un'opportunità più aperta alle donne che agli uomini.

Ma i rischi di fare sesso con qualcuno nell'ambiente lavorativo, soprattutto via via che si avanza nella carriera e si diventa più rispettate, sono molto più elevati per le donne che per gli uomini. Se la cosa diventa pubblica, infatti, l'uomo è visto come un Casanova e la donna come una poco di buono.

Non credo ci sia la possibilità che questo cambierà, almeno nel corso della mia vita e, probabilmente, anche della tua.

Il rischio inoltre non si limita alla reputazione, ma può estendersi anche alla professione. Ci sono stati tanti casi ben documentati di donne in posizioni di rilievo che avevano una storia con il Ceo.

Prendiamoci un momento per esaminarli.

Quante volte è l'uomo a dimettersi? (Per puro caso molte di queste donne lavorano spesso nelle risorse umane. Cosa possiamo imparare da questo? Che con una carriera nelle risorse umane, hai più possibilità di avere una vita sessuale interessante?)

Dire di no al sesso è una buona mossa per la carriera, ma ciò non significa che tu debba nascondere le tue qualità. (Il capitolo 9 parla dell'importanza di essere PR di se stessa, anche curando il proprio aspetto sul posto di lavoro.) Essere donna può essere un grande vantaggio. Gli uomini – che, diciamocelo, sono la maggior parte delle persone che incontrerai nella tua carriera – amano la compagnia di una donna, soprattutto se affascinante e di bell'aspetto.

Flirtare con innocenza potrebbe aiutarti a raggiungere gli obiettivi lavorativi che ti sei prefissata. Non voglio perdere tempo con chi dice che il confine è sottile e che le donne che flirtano si meritano di ricevere *avances* sessuali indesiderate più avanti. Siamo intelligenti e sappiamo fin dove spingerci.

E poi che gusto c'è nell'essere donna se non se ne sfruttano tutti i vantaggi?

Ricordo il primo anno in una banca di investimento, in cui uno dei miei compiti era contattare e incontrare decine di gestori di fondi. Dovevo illustrare loro le strategie del mio capo, un analista finanziario che pubblicava raccomandazioni di Borsa. L'idea era che diffondendo il suo lavoro a un pubblico più ampio di quello che avrebbe potuto raggiungere personalmente, tanti avrebbero votato per lui nello studio annuale sugli analisti di investimenti facendolo salire di posizione e garantendogli un risultato che sarebbe stato motivo di onore per lui e per la nostra banca. Mi era stato detto che se gli avessi fatto raggiungere un livello più alto, avrei avuto un premio più consistente.

Ho consultato una collega più giovane, più bella e più esperta che faceva lo stesso lavoro per un altro analista, in un settore diverso.

Le ho chiesto: "Qual è la chiave perché i gestori votino per i nostri capi?"

Lei mi ha risposto: "Semplice. Devi usare la tecnica delle 'mutande di cioccolato'".

"E cosa sarebbe?"

"Devi guardare i gestori" ha detto seria "come se indossassero delle mutande di cioccolato che ti piacerebbe leccare".

Wow.

Dovevo fingere di essere attratta fisicamente dai clienti per raggiungere il mio obiettivo a breve termine?

"Sì" è stata la risposta.

Niente male.

Non volevo certo dare giudizi morali, volevo solo capire come procedere. Ammesso che non fosse illegale – e a patto di non mandare a rotoli il mio matrimonio – avrei anche potuto fare un tentativo.

Ho cominciato a invitare a pranzo i gestori con una certa regolarità, guardandoli adorante dall'altra parte del tavolo. Ha funzionato e il mio capo ha avuto un sacco di voti.

Ovviamente non solo ho messo su una decina di chili con tutti quei pranzi, ma ho anche ricevuto un paio di proposte indesiderate. (Era tanto tempo fa. Ero molto più carina.)

Tutto sommato, come strategia per fare carriera non la raccomanderei.

Come dire no

È essenziale riuscire a capire quando dire di no e coltivare la forza di carattere per farlo, nell'interesse di una carriera di successo.

E allora, come fare a dire di no?

Innanzitutto accertati di dire veramente di no e di non usare giri di parole. La parola "no" dovrebbe comparire da qualche parte, anche se circondata da espressioni meno dure, come: "Ho paura di doverti dire di no".

Seconda cosa, non lasciare neanche uno spiraglio di possibilità. Se rifiuti l'invito a un evento – o l'offerta di una notte in hotel – ma dici solo di non poterlo fare "questa volta", te lo chiederanno di nuovo e dovrai dire di no ancora. Meglio spiegare perché stai rifiutando e dire: "Al momento sono molto occupata con il lavoro e la famiglia e accetto inviti solo dalle associazioni di beneficenza di cui faccio parte" oppure "Mi spiace, sono sposata e non posso farlo".

Così sapranno di non dovertelo chiedere più.

Il rifiuto di un incontro intimo con un collega, con il capo o con un cliente dovrà essere il più educato possibile e corredato da una spiegazione, altrimenti sarà imbarazzante la prossima volta che vi incontrerete. È meglio dire che, naturalmente, se le circostanze fossero diverse e lui/tu non foste sposati/non lavoraste per lo stesso datore di lavoro, sarebbe l'uomo dei tuoi sogni. È una pessima idea dire ciò che pensi davvero, soprattutto se lui è (a) in una posizione più elevata della tua e potrebbe influenzare la tua carriera e (b) pensi che se anche fosse l'ultimo uomo sulla Terra, l'autoerotismo sembrerebbe comunque un'alternativa affascinante.

Il rifiuto di un'offerta finanziaria – che sia un aggiustamento di stipendio, un premio o un nuovo lavoro – deve essere fermo e deciso ma corredato da una spiegazione dettagliata di cosa invece ti porterebbe ad accettare. Non diventare isterica se ti viene attribuito uno stipendio o un premio inferiore agli standard, altrimenti ti etichetteranno tutti come "tipicamente femminile". Invece di dire che ti senti insultata, cerca di spiegare con calma perché credi di meritarti un premio maggiore, restituisci la lettera di attribuzione e chiedi se è possibile fissare un altro incontro per parlarne.

Se intendi dire di no a un evento sociale o a un impegno come oratrice a una conferenza e hai la sensazione che farlo nell'immediato potrebbe offendere, puoi sempre prendere tempo dicendo che devi controllare l'agenda. In tal modo non dici subito di no, risultando meno rude. Allo stesso tempo però controlla davvero l'agenda e decidi in fretta, per evitare che la persona in questione coltivi speranze più a lungo del necessario.

Dire di no è un'abilità importante se vuoi avere successo. Ricorda però che non sarà un'esperienza piacevole, nemmeno quando ormai ci sarai abituata.

Se ogni passo nella costruzione di una carriera fosse semplice e privo di stress, ci sarebbero più donne al vertice. Non aspettarti di sentirti bene nel dire di no. Anche se sei la donna più tosta del mondo, ogni volta che lo farai ti peserà. Dopotutto una parte di te è stata geneticamente formata per compiacere. (Credo che, poiché i sessi si dividono tra il compiacimento e l'azione da generazioni, debba esserci una ragione genetica.)

Dire di no non ti fa stare bene. Se te ne ricorderai, sarà più facile farlo. Fare carriera (come essere un bravo genitore) non è una gara di popolarità.

La bella notizia è che la sensazione negativa non dura molto.

Quindi, ignorala, e vai avanti.

Gestire persone che hanno imparato a dire no

E ora due parole sull'approccio verso persone che hanno imparato a dire di no, che sono piene di impegni e non hanno mai tempo.

Fai richieste specifiche e mettili più che puoi in difficoltà nel dire di no.

Una cacciatrice di teste che conosco, chiamiamola Jane Lloyd, mi ha detto come fa. Gestisce molti ruoli ricercati da più di undici anni e in tanti vorrebbero avere contatti con lei, eppure la gente le manda email o la chiama dicendo solo:

> Cara Jane,
> mi chiamo Maria e vorrei incontrarla per discutere della mia carriera.

Una cosa simile dimostra che chi scrive non ha capito assolutamente come far dire di sì a qualcuno come lei.

Un approccio migliore sarebbe:

Cara Ms Lloyd,

l'altro giorno ho pranzato con Mrs Moneypenny al Savoy e mi ha consigliato di inoltrarle il mio curriculum.

Le sarei grata se potesse prendermi in considerazione per qualunque ruolo possa capitarle e, se lei o un collega aveste tempo di chiamarmi, coglierei l'occasione per esporre meglio le mie esperienze passate e il tipo di posizione che cerco.

Includendo una richiesta esplicita (essere chiamata da un collega al posto di un incontro con la cacciatrice di teste in persona) e citando una persona che lei conosce e rispetta (in questo caso, io), si avranno molte più possibilità di ottenere una risposta positiva.

Spero che questo capitolo ti abbia mostrato come saper dire di no sia un'abilità fondamentale che ti aiuterà a realizzare le tue ambizioni.

Abbiamo visto che conoscere le proprie priorità è il modo migliore per decidere se dire di no. Quando lo farai non ti sentirai benissimo, ma ricorda che il dolore a breve termine determina un vantaggio a lungo termine. Quei momenti di sconforto in cui ti troverai di fronte a un altro aumento di stipendio inadeguato, in cui rifiuterai di fare il palo vicino alla torta durante il ballo della scuola o in cui ti perderai una festa stratosferica solo perché il giorno dopo hai un esame importante, ti daranno una sensazione nettamente migliore se userai il tuo tempo in modo più saggio.

E avrai l'energia per arrivare al vertice della carriera cui sei sempre stata destinata.

In qualunque momento della carriera

Vuoi allenarti nell'arte di dire di no?

Prova a rinunciare agli alcolici (o al pane o al cioccolato) per una settimana (o più), e vedi come va. All'inizio probabilmente sarà difficile e forse ci saranno dei momenti in cui avrai la tentazione di cedere.

Lo stesso vale per la capacità di dire di no. Pensalo come un "digiuno dal sì" e limitati a dirlo. Abituati a dire di no alle cose (per esempio agli alcolici), agli eventi o alle uscite con gli amici. Sarà un ottimo modo per sperimentare il disagio di dire di no, rendendoti conto allo stesso tempo che è per il tuo bene.

All'inizio della carriera

Se vuoi identificare i tipi di cose a cui potresti dover dire di no, prova questo.

Scrivi i tuoi obiettivi per l'anno in corso, per esempio ottenere dei buoni risultati al college o costruirti una rete di conoscenze più ampia.

Fai un elenco di ciò che devi fare e di ciò che dovrai eliminare per riuscirci.

Come ti sentirai a dover dire che non puoi fare certe cose?

Pensarci ti aiuterà ad affrontare meglio il fatto di dire di no.

Se sei una madre che lavora

Come fare a gestire tutto quando i tuoi figli hanno bisogno della presenza dei genitori a scuola?

Scrivi i dieci eventi dell'anno scolastico che maggiormente necessitano della partecipazione dei genitori. Se hai più di un figlio in età scolare, fallo per ognuno.

Poi decidi con il tuo compagno chi andrà a ogni evento, cercando di non deludere le aspettative dei figli.

Chi altro potrebbe essere un sostituto accettabile? I nonni? I padrini? La babysitter? (Io li ho usati tutti quanti.)

Accertati di presentarli ai tuoi figli come persone davvero speciali, in modo che quando voi non potrete partecipare a qualcosa e andranno loro al vostro posto, non li considereranno un ripiego.

E dire di no non sarà così tremendo come lo è di solito.

CAPITOLO 5

NON SI PUÒ RIUSCIRE A FARE TUTTO...

Se stai pensando di leggere un solo capitolo del libro, scegli questo.

Io non credo nel soffitto di cristallo: è stato smantellato secoli fa. Però il mito persiste e sta a noi demolirlo.

Ecco perché devi sapere che le donne non possono riuscire a fare tutto. Assolutamente no.

Le giovani di oggi crescono convinte che l'unico limite sia il cielo. Io ammiro l'ambizione e credo che le donne dovrebbero essere incoraggiate fin da piccole. Però sarà una delusione crescere pensando che sia possibile diventare il Ceo di una grande società, un brillante neurochirurgo, una violinista famosa o qualunque altra cosa *e* avere allo stesso tempo un marito meraviglioso, una vita sessuale soddisfacente, dei figli equilibrati, andare alle partite di hockey nel weekend, trovare il tempo di uscire con le amiche e di vedere i genitori, di andare dal parrucchiere, di farsi la manicure e, infine, di frequentare anche un corso di Pilates.

Ecco il punto.

Il tempo scarseggia e per la carriera sarà fondamentale il modo in cui lo utilizzerai. Viste le risorse necessarie per avere successo – tra cui capacità ed esperienza, la giusta rete di conoscenze, la competenza finanziaria, che affronterò nel capitolo 7, e la "terza dimensione" di cui parlerò invece nel capitolo 8 – è piuttosto improbabile che avrai tempo per molto altro.

Spesso mi chiedono se sono felice: è una domanda strana.

Felice in questo preciso momento?

Felice in generale?

Personalmente sono convinta che la felicità non sia la giusta misura del successo e che accanendoci per perseguirla come obiettivo in sé, saremo sempre infelici. In base alla mia esperienza è semplicemente impossibile essere felici per tutto il tempo.

Se punterai all'impossibile, rimarrai sempre delusa e, nel tentativo di riuscire a fare tutto, puoi essere quasi certa che fallirai.

Il mito della "Superdonna"

Nel 2007 Carol Bartz, ex Ceo di Yahoo! Inc., era il direttore generale di Autodesk Inc. Ecco cos'ha dichiarato riguardo al tentativo di riuscire a fare tutto o, per lo meno, di perseguire quell'equilibrio "lavoro/vita privata" che le donne considerano spesso un obiettivo.

"Non sono d'accordo nel momento in cui equilibrio diventa sinonimo di perfezione: nel senso che ogni giorno devo essere un perfetto Ceo, un'ottima madre, una brava cittadina, fare volontariato e chiamare sempre tutti i miei amici, oltre che mia nonna. Forse dovrei anche fare dei biscotti e ogni giorno dovrei essere perfetta nel portare a termine tutte queste cose. Così non va. È troppo stressante.[1]"

Sarebbe una buona idea se tutte noi la smettessimo di cercare l'equilibrio "lavoro/vita privata" ma questo implicherebbe capire che il lavoro non *è* la vita, ne fa solo *parte*. Preferisco pensare a un "equilibrio vitale". Sono convinta che se le donne conoscessero le loro priorità e si organizzassero di conseguenza, raggiungerebbero con molta più facilità i propri obiettivi, anche professionali.

Claire Vorster, giornalista e blogger statunitense, l'anno scorso ha pubblicato il seguente post.

Riuscire a fare tutto è il mantra con cui sono cresciuta. Bisognava essere ambiziosi, viaggiare, acquistare almeno una casa, avere uno o due figli, sapere cosa indossare e quando, guidare l'auto giusta, stare in forma, non dimostrare più di ventinove anni, cucinare da gourmet e avere una vita affettiva strabiliante.
Avendo visto come siamo finiti tentando di "riuscire a fare tutto", ho notato una cosa: nessuno di mia conoscenza ce la fa, nemmeno minimamente. Tutti hanno qualche aspetto della propria vita invidiabile: una carriera di successo, una bella casa, dei figli, un bel rapporto affettivo, amici sinceri, salute, benessere, stile o fascino. E tutti ne hanno altri che oscillano tra il complicato e l'impossibile: perdite di vario tipo, fallimenti, relazioni in crisi o montagne enormi da scalare.[2]

Claire parlava poi di Nicola Horlick, una donna che si occupava di gestione di fondi nel Regno Unito, più volte indicata negli anni Novanta come la donna in carriera perfetta e soprannominata "Superdonna". Aveva un ruolo professionale importante, cinque figli, una bella casa a Londra e una in campagna. Poi un giorno è stata licenziata e ne ha fatto un dramma, arrivando addirittura a recarsi in Germania (era dipendente della Deutsche Bank tramite la consociata Morgan Grenfell) con una squadra di giornalisti al seguito, per chiedere di essere reintegrata.

Non è andata così. Anzi, mentre cercava una nuova posizione, Nicola ha scritto un libro intitolato *Can*

You Have It All? pubblicato nel 1998, che contiene i dettagli della perdita del lavoro e della tragedia della figlia maggiore, malata di leucemia. Ecco cos'ha dichiarato all'epoca.

Perdere il lavoro non è stata la cosa peggiore che mi sia mai successa. Sentirmi dire che Georgie aveva la leucemia è stato decisamente peggio e scoprire che aveva avuto una ricaduta ancora di più. Avere una figlia malata mi ha cambiato la vita. Prima pensavo di poter riuscire a fare tutto, adesso ho capito che nessuno può.[3]

Io possiedo una copia del libro. Adesso è fuori stampa, ma posso dirti che non ti servirà se leggerai questo capitolo. Ha avuto un sesto figlio, la figlia maggiore è morta, il suo matrimonio è fallito e si è risposata, ma non è mai riuscita a scrollarsi di dosso l'appellativo di "Superdonna", per quanto non la convinca.[4]

“Non credo nel termine Superdonna. Una Superdonna è una con cinque figli senza aiuti e senza soldi. Io sono solo una donna capace e organizzata con dei punti fermi. La sera torno sempre a casa alle sei e, grazie al lavoro che faccio, posso permettermelo.”

Decidere cos'è più importante

Nel capitolo 1 ho citato la mia amica Helen Weir, ex alunna del programma post-laurea della Unilever. Anche chi non sa che possiede una laurea in matematica della University of Oxford e un master a Stanford, lo capisce nei primi cinque minuti. È facile dedurre, inoltre, che non torna a casa alle sei tutte le sere, come spiega lei stessa.

“Quando sono invitata da qualche associazione femminile, dico sempre che bisogna accettare dei compromessi. Io lavoro tante ore, ma nel weekend non lavoro, e su questo sono assolutamente irremovibile. Può essere che alcune non saranno disposte a lavorare tanto, ma se a loro va bene così, non ci sono problemi. Accettare compromessi è una cosa che tocca sempre più anche agli uomini.[5]”

Avere un'amica come Helen può rischiare di intimorire (è come incontrare Elle MacPherson, talmente bella che a qualunque donna normale verrebbe voglia di sprofondare nel pavimento).

Come emulare il successo di Helen?

La cosa incoraggiante e ricca di ispirazione in lei non è solo ciò che ha raggiunto, ma come lo ha fatto. Una volta abbiamo parlato entrambe a una conferenza per studentesse dai sedici ai diciotto anni. Prima è toccato a Helen; le ragazze sono rimaste affascinate dalla sua presentazione e le hanno fatto un sacco di domande.

Poi è stato il mio turno e mi si è posto il problema di come catturare la loro attenzione, ma avevo un asso nella manica: ho chiesto loro perché non avessero posto ad Helen l'unica domanda che ero certa avrebbero voluto farle.

Quanto guadagnava?

All'epoca Helen era il direttore finanziario di una delle società quotate sull'indice azionario delle cento più capitalizzate della Borsa di Londra – l'FTSE 100 – e il suo stipendio era di pubblico dominio, quindi ho spiegato loro che non era necessario chiederglielo... l'avrei svelato io. Avevo stampato la sezione specifica del rapporto annuale della sua società e me l'ero portato dietro.

L'anno precedente lo stipendio annuale di Helen ammontava a 1,3 milioni di sterline.

Visto che l'età media del nostro pubblico era diciassette anni, è stata una rivelazione bomba.

Ma quel che ha attirato la mia attenzione quel giorno è stato il modo in cui Helen ha affermato le proprie priorità. Mi sono accorta che erano uguali alle mie, ma che io non le avevo mai espresse – nemmeno a me stessa – così bene come aveva fatto lei durante la presentazione. Chiaramente aveva capito che non poteva riuscire a fare tutto e aveva deciso di realizzare ciò che per lei era più importante.

La carriera e la famiglia sono fondamentali nella vita di Helen e non investirà mai del tempo in molto altro. Fa altre cose ovviamente – beneficenza, tanto per cominciare, e si prende il tempo di guardare lo sport (le piacciono il rugby e il calcio e in qualche modo è riuscita anche ad avere i suoi figli a intervalli di quattro anni, in coincidenza con tre Coppe del Mondo di calcio consecutive, accertandosi così di essere a casa e di poter guardare le partite cruciali) – ma si concentra per lo più sulla carriera e sulla vita privata.

Non tutte riusciremo a essere così disciplinate; io non lo sono di certo, ma capisco l'importanza di stabilire priorità e di rispettarle. Dopo aver sentito Helen esprimere le proprie, sono tornata a casa e ho messo per iscritto le mie, per poi considerare di conseguenza ogni richiesta di tempo o di risorse.

Gli svantaggi del voler "riuscire a fare tutto"

Sono tre i motivi per cui penso che tentare di "riuscire a fare tutto" metterà un freno alla tua carriera.

- Il primo è che per fare bene le cose bisogna concentrarsi, e questo vale anche quando si costruisce una carriera di successo: la concentrazione quindi è importantissima.
- Il secondo è la delusione che accompagnerà il tentativo di ottenere l'impossibile.
- Il terzo – all'apparenza specifico per le donne – è che cercando di conciliare tante cose, potrebbe sembrare che in realtà non ci si impegni per nessuna.

Partecipare a una conference call durante una partita di cricket, passeggiando attorno al campo, potrebbe far pensare agli altri genitori (e a tuo figlio) che il lavoro ti interessa di più. Io mi sono trovata nell'imbarazzante situazione di farlo con un cellulare che non sapevo silenziare col risultato che, quando meno me l'aspettavo, la partita ha raggiunto un momento clou e il pubblico è esploso in un applauso assordante.

Ecco l'occasione in cui il cliente capisce che non sei lì solo per lui/lei.

Io sono famosa per essere una che prenota una serie di sedute in palestra per poi annullarle e andare alle partite dei figli o a qualche riunione con i clienti. Così l'istruttore pensa che io non mi impegni tanto nel fitness.

L'anno scorso le riprese per la trasmissione televisiva non hanno aiutato: non solo un qualunque cliente che per caso stesse guardando la televisione il mercoledì sera alle 8.30 si sarebbe chiesto cosa ci facessi a Manchester/Blackpool/Bognor Regis invece di lavorare per lui/lei, ma ho anche saltato parecchi incontri del comitato impegnato in una nobile causa al quale mi ero iscritta. In verità ho quasi sempre fatto le riprese la sera e nel weekend, ma più che la realtà, conta l'apparenza.

A quel punto qualunque cliente/collega/famigliare avrebbe probabilmente avuto ragione di pensare che non ero concentrata su niente in particolare.

A un certo punto arriva il momento in cui una donna si rende conto di non avere abbastanza tempo al di fuori del lavoro per impegni non professionali. In genere succede quando ha dei figli, ma anche in caso di malattia dei genitori o del partner, oltre poi a eventuali altre attività da gestire o associazioni filantropiche.

È a questo punto che bisogna prendere una decisione, perché "riuscire a fare tutto" è impossibile.

Una persona che l'ha capito di recente è Britt Lintner, una donna gentile che con un sorriso ti mette di buon umore. Di origine scandinava, è cresciuta negli Stati Uniti e ha lavorato nella finanza per anni, soprattutto per Lehman Brothers a New York, Hong Kong e Londra. Ha lasciato la società molto prima che fallisse e si è presa una pausa per studiare all'Istituto Marangoni, per poi lanciare la propria casa di moda. Rendendosi conto dell'investimento necessario per farlo, è tornata a lavorare nel settore degli hedge fund, usandone i compensi per finanziare l'attività in proprio.

Come Helen, anche lei ha affascinato tantissimo mostrandosi una donna realizzata ed è il tipo di persona che non vorresti mai trovarti seduta accanto sul palco di un evento, a meno di non essere passata prima dal costumista, dal parrucchiere, dal make-up artist e, nel mio caso, anche dal chirurgo plastico.

La linea di moda di Britt si basava sulla scoperta personale di non avere un guardaroba da lavoro alla moda e funzionale da indossare sia in ufficio che fuori. Si è messa a disegnare abiti con lo scopo di permettere alle donne che lavorano di passare senza problemi dal giorno alla sera grazie a tessuti pregiati ma resistenti e tagli sartoriali d'eccezione. I suoi abiti sono stati indossati da donne ambiziose in vari ambiti: dopo l'elezione del presidente Obama, Sarah Brown, moglie dell'allora primo ministro britannico, ha scelto un abito di Britt Lintner per il primo incontro con gli Obama alla Casa Bianca. Tre modelli di Britt vengono indossati dall'attrice Christine Baranski nel ruolo di socio fondatore di uno studio legale di Chicago nella terza serie di *The Good Wife*.

Britt è stata più volte citata dai media per essere riuscita a conciliare una carriera nella finanza, un'attività nel mondo della moda e il ruolo di madre. È stata descritta come "modello per la sua clientela e prima cliente della sua stessa casa di moda".[6] Io possiedo molti suoi vestiti e sono i più belli che ho. (Confesso che lo staff di Britt è dovuto venire da me in ufficio con tanto di centimetro per prendermi le misure e adattare i modelli.)

Se non puoi lavorare negli hedge fund, almeno puoi farti vestire da una che ci lavora.

Eppure, cercare di fare bene più cose non è mai facile. Britt e il marito, dopo l'avvio della linea di moda, hanno avuto due figli e subito dopo la società per cui lavorava è stata acquisita da un'altra più grande, richiedendole un impegno giornaliero maggiore.

A fine aprile 2011 scriveva sul suo blog:

Non so voi, ma ultimamente io mi sento tirare in tutte le direzioni tranne quella in cui voglio andare, e l'unico modo per capire che strada prendere è ritagliarmi del tempo per pensare e scrivere una lettera a me stessa su come vorrei passare i prossimi vent'anni, una sorta di *business plan* personale. Sono anni che non mi fermo a riflettere e penso sia il momento.[7]

Alla fine Britt ha dovuto scegliere tra la finanza (in cui era bravissima e molto ben pagata) e la moda (che adorava). Aveva due figli da crescere, suo marito aveva avviato un'attività in proprio e lei non riusciva a dedicare alla casa di moda il tempo necessario. Rendendosi conto di dover fare una cosa o l'altra, ha deciso di chiudere la casa di moda e di concentrarsi sull'altro lavoro, sul marito e sui figli.

Per Britt è stata una triste decisione, per le lavoratrici fashion victim una tragedia e per me una catastrofe senza pari.

Arrivare a questa decisione deve essere stato difficilissimo per lei. Come abbiamo visto nel capitolo 4, dire di no non è mai bello, soprattutto a un'attività che porta il tuo nome. Anni della sua vita, la sua creatività e un sacco dei suoi soldi sono andati persi nel mondo della moda, ma ammiro il suo coraggio nello stabilire delle priorità e nel mantenerle.

È una cosa più ammirevole che continuare a portare avanti tutto senza trarre il massimo da nulla in particolare.

Ecco cos'ha scritto sul blog nel maggio 2011.

Ciao a tutti,

è da un po' che sto pensando a come cominciare questo messaggio e siccome alla fine non ho trovato un modo per farlo, lo dirò e basta.

Ho appena preso una decisione molto difficile: a partire dal 1° luglio interromperò la mia attività nella moda.

Come mai? Come mi ha detto una volta la mia amica Sofia: "Possiamo riuscire a fare tutto, ma non nello stesso momento" e questo non è il mio momento. L'inevitabile bivio si è presentato sul mio percorso alla fine dell'anno scorso e la mia situazione personale non mi ha permesso di buttarmi a capofitto nel mio sogno.

Una passione, un hobby e un'attività extra sono diventate una vera e propria professione e io non riesco più a seguire tutte e tre le cose (famiglia, finanza e moda). Un bel problema! Qualcosa deve andarsene e questo qualcosa è la moda.

Più avanti scriveva:

Ho imparato che dire di no al proprio io e all'opinione comune è estremamente difficile quando in realtà l'unica cosa che vorresti dire è "sì".[8]

Ha perfettamente ragione.

Dire di no è difficilissimo.

Sono certa che un giorno la sua linea di moda ricomincerà a produrre, o almeno lo spero, perché i miei vestiti non dureranno in eterno!

Però Britt sarà in possesso per sempre dei modelli. Basti pensare a Diane von Furstenberg, che ha sospeso la sua linea di moda e si è trasferita in Francia prima di rilanciarla nel 1997, in una nuova fase della sua vita. Da allora ha avuto sempre più successo.

La decisione di concentrarsi su poche cose, e soprattutto sulla carriera, non basterà certo a "riuscire a fare tutto", ma è una parte fondamentale del successo.

Spesso mi sento definire una che "riesce a fare tutto", ma ci tengo a mettere in chiaro che ovviamente non è così. Dico "ovviamente" perché sono molto più grossa e molliccia di quanto non dovrei essere, prova evidente di mancanza di tempo per me stessa. Se me ne prendessi di più per fare esercizio fisico e per dormire e stessi attenta a quel che mangio invece di afferrare la prima cosa che trovo in giro nei cinque minuti che dedico al pranzo o alla cena, sarei totalmente diversa.

Certo, non avrei l'aspetto di una modella, ma sicuramente starei meglio di adesso.

Avrei anche una casa (e una scrivania) più pulita e ordinata e un giardino fiorito.

Saprei cucinare il pasticcio di fagiano.

Avrei preso il brevetto per il volo strumentale.

E avrei estinto il mutuo.

Ci sono tante cose che mi piacerebbe poter fare, ma la vita è un compromesso e non si può "riuscire a fare tutto". Io ho scelto di concentrami sul mio lavoro e sulla mia famiglia, a scapito di altre cose.

Attenzione ai segnali sbagliati

Il motivo per cui incoraggio le donne a non desiderare di "riuscire a fare tutto" è che, cercando di farlo, potrebbero inavvertitamente dare i segnali sbagliati all'attuale o futuro datore di lavoro.

Ricorda: interpretazioni sbilanciate di un certo comportamento sono inevitabili.

Secondo una ricerca del 2011 condotta tra oltre cento donne con ruoli di spicco nei servizi finanziari, le madri venivano spesso giudicate in modo diverso rispetto ai padri.

Uscire dal lavoro mezz'ora prima era visto come un atteggiamento negativo, mentre i colleghi uomini – che si prendevano regolarmente dei permessi per andare alla partita di un figlio o a un colloquio con gli insegnanti – erano considerati "padri modello".[9]

Pensa alle reazioni a una richiesta di orario flessibile o part-time dopo la maternità: potrebbe essere interpretata come mancanza di dedizione al lavoro. Non sto assolutamente dicendo che ne è una prova, ma sono convinta che la maggior parte dei datori di lavoro uomini (e, in realtà, anche donne) la veda come indicativa del fatto che la richiedente stia anche dimezzando il proprio impegno.

In genere non incoraggio le donne al part-time. Se possibile, consiglio di lavorare a tempo pieno, di puntare in alto e di raggiungere la posizione di maggior rilievo possibile, ma poi tocca a ciascuna gestire bene l'agenda.

Quando vorrai andare alla recita scolastica di tuo figlio o alla partita di hockey, basta che te lo scriva in agenda.

Nicola Horlick lo fa, ma anche così, comunque non riesce a fare tutto.

"Mi accerto di non perdermi cose come le recite scolastiche, anche se i miei figli frequentano cinque scuole diverse, e lo faccio pianificando l'agenda attorno a queste date. Non ho tempo per me, ma è questione di priorità.[10]"

Carol Bartz risolve la cosa trovando compromessi tra la vita privata e quella professionale.

“Ci sono giorni in cui devo essere totalmente concentrata sul lavoro [...] e alla famiglia dedico il 20 per cento di me stessa; se sono in viaggio, non le dedico nulla. Ci sono altre volte in cui sono tutta per la famiglia. Penso che l’equilibrio si raggiunga prendendo al volo le cose prima che cadano a terra. Se sto lavorando a un grosso progetto ed è ora di andare a casa, lo faccio, così non penso al lavoro per un po’.[11]”

Se davvero hai bisogno di lavorare part-time, dovresti affidarti alla creatività. Come già detto nel capitolo 1, ho consigliato a una donna (che doveva lasciare una carriera a tempo pieno dopo avere avuto tre Centri di Costo in quattro anni) di insegnare finanza part-time per rimanere aggiornata. Ha funzionato e adesso è direttore finanziario (a tempo pieno) di una società di telecomunicazioni.

Ma se hai bisogno di ridurre l’orario perché le tue priorità sono cambiate, ricorda che è molto più facile lavorare part-time in una società in cui già sanno chi sei e si fidano di te, perché i manager sono più inclini ad accordarlo quando già conoscono chi lo richiede.

Lavorando part-time, una strategia utile per contrastare qualunque percezione negativa è non parlarne, se non strettamente necessario. Diane Benussi, fondatrice e socia di uno studio legale di Birmingham, mi ha spiegato come.

“Non continuare a ricordare ai colleghi che lavori part-time, perché la considereranno una ‘mancanza di impegno’. Se qualcuno cerca di fissare un incontro con te quando non sei in ufficio, di’: ‘Mi spiace, ma per me non va bene’. Non dare spiegazioni. Altrimenti, se dirai che lavori 'solo' part-time, non ti considereranno più. Sarai scontata. Un uomo direbbe di avere una *portfolio career*. Tu non puoi dire 'lavoro part-time' senza usare la parola 'solo'. Suona come una scusa. Devi essere assertiva: di' che hai un orario flessibile. ”

Rieccoci all'interpretazione sbilanciata tra uomo e donna: "Lei lavora part-time, lui ha una *portfolio career*".

Rimanere con lo stesso datore di lavoro può accrescere la flessibilità, ma – tienilo a mente – può anche abbassare i tuoi guadagni. Questo è uno dei veri motivi per cui le donne finiscono con l'essere pagate meno degli uomini: perché sono portate a non cambiare spesso. Le donne danno valore all'equilibrio – il tentativo di "riuscire a fare tutto" – e sanno che è più facile raggiungerlo in un'azienda che conoscono, con colleghi noti, di cui si fidano e con i quali lavorano in sintonia. In realtà offrono le "ricompense estrinseche" – denaro e a volte la posizione – in cambio delle "ricompense intrinseche" – la flessibilità e la familiarità.

Ho visto donne passare alla settimana corta e finire con l'essere pagate per quattro giorni lavorandone cinque. Ho conosciuto infatti dei manager entusiasti al rientro di una neo-mamma che richiedeva la settimana corta, perché sapevano che una lavoratrice coscienziosa avrebbe fatto comunque il lavoro di cinque giorni pur ricevendo lo stipendio di quattro.

Non farlo mai!

Pensa ai motivi per cui vorresti lavorare quattro giorni.

Più tempo per stare con i tuoi figli?

Per andare dal parrucchiere?

Cerca di inserire queste cose in altri momenti della settimana lavorativa.

Lavorando full-time farai capire che la carriera ti interessa.

Attenzione all'impatto della maternità

Pur cercando di attribuire questo pensiero ai datori di lavoro uomini e bigotti, la maternità in genere è segnale di "ridotte priorità lavorative" per tutti.

Secondo Cordelia Fine, che ha scritto un libro sulle differenze tra i sessi, potresti incorrere in una "penalità per maternità" anche se fossi del tutto dedita alla carriera. Cita in proposito uno studio condotto negli Stati Uniti nel 2007 in cui è stato chiesto a un gruppo di laureandi di passare in rassegna i candidati per una certa professione.

“Rispetto alle candidate fittizie che non erano madri, le candidate fittizie che avevano figli venivano giudicate del 10 per cento meno competenti e del 15 per cento meno dedite al lavoro, e il salario iniziale proposto era inferiore di 11.000 dollari [...] Solo il 47 per cento delle candidate madri fu raccomandato per l'assunzione, rispetto all'84 per cento delle candidate senza figli.[12]”

Mi colpisce che a dirlo siano degli studenti del college, che dovrebbero aver appena lasciato le cure amorevoli delle loro madri. Far capire ai tuoi figli l'impegno richiesto dal tuo lavoro è vitale se non vuoi che anni dopo diano origine a stupide statistiche.

Se è il tuo capo a non considerarti una persona che si impegna, ciò avrà un effetto molto più infausto di qualunque statistica. Può farti perdere sicurezza e aspirazioni, innescando un circolo vizioso. Secondo un libro sulle interruzioni lavorative, le donne appena tornate al lavoro corrono un particolare rischio quando:

"i datori di lavoro e i capi tendono a essere scettici sul valore di una donna. Si crea un ciclo negativo: la sua sicurezza e le sue ambizioni diminuiscono; viene considerata meno efficiente; non ottiene più le mansioni migliori e questo non fa altro che favorire un ulteriore crollo delle sue ambizioni.[13]"

Quando cambierà l'atteggiamento verso le lavoratrici part-time o con orario flessibile?

Non so!

Questo libro però si occupa del qui e ora per le donne che vogliono andare avanti e, una volta raggiunta una posizione al top, magari riusciranno a cambiare qualcosa anche per le altre. Nel frattempo un cambiamento interverrà quando gli uomini faranno più i genitori. Nel Regno Unito solo il 20 per cento dei padri usa il congedo di paternità,[14] contro il 42 per cento delle donne che prende quello di maternità previsto dalla legge.[15]

Laura Tenison, fondatrice di JoJo Maman Bébé, azienda produttrice di abbigliamento per mamme in attesa, neonati e bambini, non crede nel trattenere il fiato e aspettare che le cose accadano.

"Se certe grandi istituzioni vogliono fare qualcosa per creare un migliore equilibrio lavoro/vita privata per i dipendenti, devono farlo per gli uomini e per le donne allo stesso modo. Non si può essere sessisti. Penso però che in futuro gli uomini cominceranno a chiedere un ruolo più attivo come genitori, e solo allora le cose potranno cambiare. [Per ora però] la tendenza è che se ci si trova davanti il candidato migliore, disposto a lavorare senza sosta – e guarda caso è anche un uomo – è la soluzione ideale.[16] ”

L'interpretazione sbilanciata dei segnali è una vera minaccia. Se un uomo è considerato ricco di valori famigliari perché porta le foto della famiglia in ufficio ("padre di famiglia"), una donna viene subito etichettata come una che non sa stare concentrata sul lavoro ("una mammina").

Nel momento di metter su famiglia, è importante esprimere il proprio impegno verso la carriera. Quando vai in maternità, sii chiara su ciò che vorrai trovare quando tornerai. Tanti datori di lavoro pensano, a torto, che quando le donne torneranno dalla maternità vorranno un ritmo più lento, e quindi affidano loro un "non lavoro".[17]

Sheryl Sandberg, direttore operativo di Facebook, pensa che la cosa più importante da fare per una donna prima di prendersi una pausa sia continuare a lavorare il più possibile. Nel discorso in occasione di una TED Conference ha condiviso la preoccupazione che spesso, dal momento in cui una donna comincia anche solo a pensare di avere un figlio, si tira indietro, non chiede promozioni e non si fa avanti in nessun caso.

“ Dai gas fino al giorno prima di stare a casa. È difficile lasciare i bambini piccoli e tornare al lavoro, quindi se non hai un impiego soddisfacente e stimolante, ti sembrerà che non ne valga la pena.[18] ”

Non è possibile essere contemporaneamente e per tutto il tempo la madre migliore del mondo, la moglie migliore del mondo, la manager migliore del mondo, la cuoca migliore del mondo. Dovresti decidere cosa fare e limitarti a quello. Sarai molto più felice se non cercherai di riuscire in tutto.

Magari deciderai di smettere di lavorare. O di smettere per un po'.

Sarà molto più facile se la considererai una decisione vantaggiosa, invece che una strada che sei stata "costretta" a prendere.

Attenzione alle aspettative poco realistiche

Cerco di parlare con le donne all'inizio della loro carriera, perché voglio avvertirle che dovranno fare delle scelte e che cercare di "riuscire a fare tutto" è a dir poco controproducente.

Adoro l'ambizione e, come sappiamo, la sicurezza è cruciale per il successo di una donna, ma spesso mi sembra che queste qualità siano presenti nelle ragazze più giovani senza realismo. Le prime due cose senza la terza possono portare a grandi delusioni.

È importante rendersi conto di com'è la vita vera.

Ricordo una giovane di mia conoscenza che stava pensando di iscriversi a un dottorato. Aveva parlato con una professoressa la quale le aveva detto che avrebbe dovuto lavorare sodo per guadagnarsi un posto sicuro, visto che stavano cominciando a scarseggiare. Nella prospettiva di un tale impegno, le aveva consigliato di decidere quanto prima se avere figli molto presto o molto tardi, per poter pianificare la carriera. Nel caso avesse scelto di averli tardi, le aveva suggerito di farsi congelare gli ovuli.

A quel punto, di fronte alla realtà, la mia amica – che era sia ambiziosa sia sicura di sé e sarebbe stata un'ottima docente – ha deciso che non faceva per lei.

Ecco una grande lezione: se stai considerando di intraprendere un certo viaggio, chiedi a qualcuno che è già a metà strada com'è la realtà.

Sei pronta ad accettarla?

Se non è così, cambia direzione.

Il Victoria and Albert Museum di Londra è un luogo meraviglioso per ospitare dei party, anche se al di fuori del mio budget. Nell'estate 2005 mi è capitato di andarci, invitata da altri, e c'era una marea di gente, per la maggior parte sconosciuti. Alla fine vidi qualcuno che conoscevo, in un gruppo in cui c'era anche una giovane bellissima. Parlando con lei, rimasi affascinata dalla fluidità della sua conversazione, dalla sua maturità, dal suo sguardo sulla vita. Laureata a Cambridge (due volte, una in Lettere classiche e una alla Judge Business School), Jennifer Harris era venuta a Londra, era entrata in una società di consulenza e si era resa conto che lavorare per gli altri non le piaceva, quindi aveva cominciato a girare per Londra con un risciò a pedali per pagarsi l'affitto mentre valutava le opzioni disponibili e pensava al futuro, e poi aveva avviato una sua attività.

Il tutto prima di compiere ventiquattro anni.

Subito dopo Jennifer ha vinto il premio di Giovane imprenditrice dell'anno e continua ad avere successo.

All'epoca, a un'età per molti giovanissima, si è resa conto che nella vita bisogna scegliere e che non tutte le donne opteranno per una carriera tranquilla alle dipendenze di altri.

Poco tempo fa ha detto:

“Un'altra questione che le donne devono affrontare è la gestione della carriera e di una famiglia. Ho visto alcune mie amiche lasciare posizioni di rilievo perché incompatibili con una famiglia. Io naturalmente sono una grande sostenitrice delle donne che riescono a infrangere il soffitto di cristallo ma alcune carriere, come la mia, presenteranno senz'altro delle sfide.[19]”

Prima si chiariscono le proprie priorità, più facile sarà fare dei piani.

Semplice, no?

Attenzione alla carriera del partner

I figli potrebbero non essere l'unico motivo di interruzione di carriera a farti capire che non puoi “riuscire a fare tutto”.

E se anche la tua dolce metà è un uomo ambizioso e ha l'opportunità di andare all'estero?

Debra Lam è attualmente consulente di costruzioni a basso consumo energetico per la società di consulenze Arup, con uffici in tutto il mondo. È originaria della Pennsylvania e ora vive a Londra. È stata una delle “35 donne sotto i 35” di *Management Today* nel 2011 anche se, negli ultimi due anni e mezzo, si è trasferita due volte per la carriera del marito. Dopo aver cominciato con Arup a Londra, di recente ha passato due anni con la stessa società a Hong Kong. Mi ha detto:

“Sono andata a Hong Kong per il lavoro di mio marito. Per fortuna Arup è riuscita a trovare una soluzione anche per me, sebbene all’epoca pensassi che la mia carriera sarebbe stata un po’ frenata. In quel momento a Londra c’erano grandi progetti in atto e ricominciare tutto da capo in Asia è stato difficile. Per fortuna ho incontrato persone splendide, ho ampliato i miei contatti e ho lavorato su alcuni progetti molto interessanti. Poi sono tornata a Londra perché mio marito è dovuto rientrare e a quel punto avrebbe potuto esserci un altro trasferimento per me, per lui o per entrambi. È una questione di compromessi. Io però sono stata molto sincera con la mia società fin dall’inizio. Se non altro la carriera universitaria di mio marito mi è utile, perché ho molta esperienza con gli accademici, conosco tanti professori e sono aggiornata su tutte le ultime ricerche. Cosa che è utilissima per l’Arup. A chi si trova ad avere una relazione con una persona altrettanto impegnata nella propria carriera, consiglio sempre di parlarsi. A volte non funziona, ma questo non deve per forza portare a una rottura.”

In tutto ciò c’è una bella lezione di vita. All’epoca il trasferimento di Debra con il marito non sarà stato facile, ma lei ha fatto in modo che tornasse utile per il suo curriculum.

Quando io ho seguito mio marito a Hong Kong nel 1994, e poi a Singapore e infine in Giappone, anch’io ero preoccupata di essere messa da parte. Invece ho fatto in modo di continuare a lavorare, anche se non con il ruolo che avrei avuto nel Regno Unito, e mi sono fatta un sacco di esperienza che mi è stata utile più avanti.

Attenzione ai sensi di colpa

Immaginiamo che tu abbia deciso di non provarci nemmeno a riuscire a fare tutto e di concentrarti invece solo sul campo secondo te prioritario. Immaginiamo anche che tu abbia trovato un accordo con il tuo partner o marito in modo che le vostre ambizioni non contrastino tra loro.

Nonostante tutto una sfida potrebbe esistere comunque.

Se sei madre, come fare a gestire il senso di colpa di quando metti il lavoro prima della famiglia per raggiungere i tuoi obiettivi?

Io ho tre figli. Frequentano tutti scuole diverse, fanno attività extrascolastiche diverse, sono in fasi diverse della vita... io non posso essere in tre posti diversi allo stesso tempo, e a loro l'ho spiegato.

Anni fa quando ho cominciato a tenere la rubrica di Mrs Moneypenny, ho ricevuto la lettera di una lettrice inorridita del fatto che io non passassi abbastanza tempo con i miei figli. Anche lei aveva lavorato per tutta l'infanzia del figlio, che adesso andava all'università, ma che prima di laurearsi aveva avuto un crollo, attribuito alle frequenti assenze della madre per lavoro.

Era un avvertimento, come a dire: "Succederà anche a te".

Davvero?

Non credo.

Se in casa mia qualcuno subirà un crollo, quel qualcuno sarò io.

Eravamo a metà anno scolastico. Il Centro di Costo n° 1, allora undicenne, doveva andare al cinema con mia sorella. L'ho chiamato e gli ho chiesto dove fosse. In un centro commerciale vicino e stavano andando al cinema. Gli ho immediatamente proposto che mi sarei presa un pomeriggio libero e li avrei raggiunti. Lui mi ha chiesto perché. Gli ho spiegato della lettrice il cui figlio aveva avuto un crollo perché lei non aveva passato abbastanza tempo con lui e che mi sentivo in colpa per essere al lavoro.

"Mamma" mi ha detto "*io* avrò una crisi di nervi se oggi pomeriggio vieni al cinema con me".

Il senso di colpa, come il rimpianto, è uno spreco di energia emotiva.

La prima cosa da fare è allenarti a farne a meno.

Puoi anche stare sveglia fino all'una di notte preoccupata per il fatto che tuo figlio sentirà la tua mancanza alla partita, ma l'unico risultato è che il giorno dopo sarai esausta. Meglio farsi una bella dormita ed essere in perfetta forma per andare al lavoro.

Tutta la famiglia trarrà vantaggio da una madre di successo, felice e riconosciuta per gli obiettivi professionali raggiunti, ma non da una madre che va al lavoro stanca, che è sempre al telefono con i figli o che interferisce con la routine della babysitter e, di conseguenza, è sempre sotto pressione perché ha un capo inevitabilmente insoddisfatto.

Evitare il senso di colpa è più facile a dirsi che a farsi: bisogna convincere se stesse e la propria famiglia. Come per imparare a dire di no, se ti abitui al fatto che certe cose saranno fastidiose, riuscirai ad affrontarle meglio.

Per esempio, tuo figlio/a odia le punture, ma tu devi andare al lavoro e non puoi portarlo/a dal dottore per la vaccinazione, quindi lo farà la babysitter/il padre/il tuo compagno. Sei in treno e ti senti tremendamente in colpa. Invece di stare in ansia per tutto il tragitto e chiamare a casa a intervalli di trenta minuti per sapere come sta il bambino, prova a leggere degli appunti o a lavorare un po', così quando tornerai a casa, sarai libera di passare un po' di tempo con tuo figlio.

Devi riconoscere quella fastidiosa sensazione per quel che è – il senso di colpa – e a quel punto ricorda che non devi dargliela vinta. Puoi chiedere a chi ha accompagnato tuo figlio dal dottore di mandarti un'email con qualche informazione, per poi partecipare tranquilla alla tua riunione sapendo che va tutto bene.

Attenzione a scusarsi per le proprie scelte

Infine il modo migliore per vivere bene le contrastanti richieste di tempo è prendere delle decisioni e attenersi ad esse.

Ho conosciuto fin troppe donne che si scusano perché sono a casa a badare ai figli dicendo: "Faccio solo la casalinga".

Ma quale "solo"!

Essere a casa a tempo pieno è difficile e stancante, ma può anche essere molto soddisfacente come qualunque altra carriera. Eppure le donne colte si sentono a volte in dovere di scusarsi per aver scelto di stare a casa.

Al contrario l'altro giorno ho incontrato una donna meravigliosamente energica, la moglie di un cliente, che era andata all'università, era diventata commercialista e aveva avuto una carriera di successo finché non aveva deciso di lasciarla per i tre figli.

Stare a casa le piaceva, riconosceva di essere stata tanto fortunata da poter scegliere di farlo e parlava con estremo entusiasmo della sua vita. A differenza di tante altre madri casalinghe che ho conosciuto, lei ha riflettuto prima di rispondere alla fatidica domanda: "A casa non ti annoi?" Ha risposto in modo positivo, senza mai fare nessun riferimento al fatto che la sua carriera fosse stata messa da parte.

Leggeva ancora i giornali e conversava di argomenti diversi dalla scuola e dai malanni dei bambini. Era una donna di compagnia e la sua scelta di vita era stata pensata e destinata a non essere mai più rinnegata.

Allo stesso modo le donne che conosco e che sono più soddisfatte in assoluto del compromesso carriera/casa sono quelle che l'hanno riconosciuto come tale e lo hanno scelto volontariamente. Sono felici di portare avanti la propria vita professionale dedicandosi anche alla vita privata o a qualunque altra cosa richieda il loro tempo e la loro attenzione. Hanno fatto una scelta consapevole e sanno che a un certo punto torneranno a mettere la carriera al primo posto.

In questo capitolo ho cercato di spiegare perché "riuscire a fare tutto" è impossibile e come fare a trovare un equilibrio.

Se vuoi raggiungere degli obiettivi nella tua carriera (o in altri ambiti), ci dev'essere qualcos'altro che passa in secondo piano. Tutte le donne devono riuscire a darsi delle priorità e a gestire il tempo di conseguenza.

La cosa più importante è sapere cosa vuoi e perché, e poi fare le tue scelte.

Purtroppo, riuscire a fare tutto è impossibile.

In qualunque momento della carriera

Come decidere le proprie priorità

Scrivile.

Poi fanne una lista in ordine di importanza. Se ne hai più di cinque, riducile e ricorda che le prime due assorbiranno la maggior parte del tuo tempo.

Fissa una data in agenda per rivederle... per esempio tra due anni.

Le priorità cambiano di continuo.

Proprio come con il testamento (cosa che dovresti fare e aggiornare a ogni cambiamento nella tua vita), devi tenere aggiornata la lista delle priorità.

Come capire se le priorità e il tempo a disposizione sono in sincronia

Analizza un mese tipo.

Quanto tempo dedichi a ogni ambito della tua vita? (Per esempio io dedico un terzo del mese al sonno, il 5 per cento del quale sui mezzi mentre vado al lavoro.)

Adesso confrontalo con la lista delle priorità.

Se c'è uno squilibrio, cerca di capire come risolverlo.

Se ti sembra di non riuscire mai a raggiungere i tuoi obiettivi, forse è perché non sono in linea con le priorità.

Quali sono gli obiettivi della tua carriera?

Scrivili sulla sinistra di un foglio e poi elenca le priorità (vedi sopra) accanto a essi.

Pensi che si sostengano a vicenda?

Non va bene avere la carriera come obiettivo principale se in cima alla lista delle priorità c'è la famiglia.

Ripensa entrambe le liste finché non ti sembrano equilibrate. (Sottolineo che una carriera di successo porterà in genere vantaggio alla famiglia, quindi sul lungo termine potrebbero non essere così incompatibili. Ma, in questo esercizio, considera il breve termine.)

All'inizio della carriera

Accertati di essere disposta a fare i sacrifici necessari per arrivare dove vuoi.

Quali saranno i tuoi progetti tra cinque anni?

E tra dieci?

Chiedi a qualcuno che è già a quel punto.

Come ha fatto ad arrivarci?

Sei pronta a fare lo stesso?

Se no, modifica i tuoi obiettivi.

Una madre che lavora

Soffri di senso di colpa da madre lavoratrice?

Ecco come cercare di affrontarlo.

Innanzitutto, sappi che il senso di colpa di una madre che lavora è in genere "malsano" e "inappropriato" (vale a dire che non hai fatto niente di male).

Quando ti senti in colpa per qualcosa, fermati a pensare ai seguenti punti.

- Il senso di colpa è razionale? Ad esempio potresti pensare che le madri che non leggono tutte le sere una favola ai figli prima di andare a letto influiscano negativamente sullo sviluppo del bambino. Non ci sono prove scientifiche su questo. Qualunque cosa pensi di sbagliare, controlla l'evidenza: se non c'è, puoi smettere di sentirti in colpa.
- Il senso di colpa ha uno scopo "ristoratore"? Hai intenzione di cambiare comportamento? Se tuo figlio fa qualcosa di male e viene sgridato (dice bugie, attraversa la strada da solo, è sgarbato con un altro bambino o ha altri comportamenti che vanno cambiati) ti farà piacere che si senta in colpa, perché ciò innescherà un comportamento migliore. Il senso di colpa sarà in quel caso "ristoratore". Ma se tu non puoi portare tuo figlio a scuola la mattina perché lavori e vuoi mantenere la posizione che hai, è inutile sentirsi in colpa. Non potrai cambiare comportamento, perché dovrai comunque andare a lavorare prima che cominci la scuola.
- Il senso di colpa riguarda te o i tuoi figli? A loro importa se la torta di compleanno è comprata o fatta in casa? Oppure è solo perché vuoi dire agli altri genitori che l'hai fatta tu e andare fiera dei tuoi risultati? Se è così, non vale la pena di sentirsi in colpa.
- È senso di colpa a breve termine? Guarda al lungo termine. I tuoi figli trarranno benefici dal fatto che tu abbia una bella carriera sul lungo termine?

Se è così, allora vale la pena di sentirsi un po' in crisi ogni tanto. Pensa all'allenamento fisico per raggiungere grandi risultati sportivi come una maratona: sai bene che sul cammino sarai chiamata a fare anche dei sacrifici. Lo stesso vale per la carriera.

Se hai letto tutto questo, ma ti senti ancora in colpa, è ora di condividere le tue preoccupazioni.

Chiedi a qualcuno se è giusto che tu ti senta così.

Ci sono ottime possibilità che la risposta sia no.

CAPITOLO 6

... EPPURE SI DEVE RIUSCIRE A FARE TUTTO

Per il semplice fatto di essere una donna, in una giornata, in una settimana e in un'intera vita dovrai conciliare molte più cose di un uomo.

Perché?

E come evitare di far deragliare la carriera?

Questo capitolo è dedicato in special modo alle madri che lavorano, ma si applica anche a chi ha genitori anziani da accudire, una casa per le vacanze da gestire, una relazione a cui dedicarsi, una famiglia con cui passare più tempo... insomma qualunque cosa necessiti di attenzioni al di fuori del lavoro. Questo vale se lavori fuori casa, se non lavori affatto o se sei l'unica in famiglia a farlo con un marito "casalingo".

Le donne in carriera devono conciliare molte più cose rispetto agli uomini. Prova a chiederlo a Justine Roberts: ha conosciuto la sua cara amica Carrie Longton al corso preparto e tempo dopo, in seguito a una vacanza stressante con i suoi gemellini di un anno, è andata da lei con l'idea di istituire un forum dedicato alle madri per condividere e scambiare informazioni utili. È nato così Mumsnet, un sito che dall'estate 2011 conta 1,5 milioni di utenti unici al mese e 25.000 post al giorno, la maggior parte dei quali provenienti da madri inglesi. Ormai è una voce importante, popolare persino tra i politici, cosa che ne dimostra l'influenza (le elezioni del 2010 nel Regno Unito sono state soprannominate le "elezioni Mumsnet").

Justine, ora ultraquarantenne, ha cominciato facendo l'analista finanziaria per una banca di investimento e poi si è dedicata al giornalismo sportivo. È sposata con un giornalista e ha quattro figli. Quando ha avviato Mumsnet, l'ha fatto dalla camera degli ospiti di casa sua, dove è rimasta per cinque anni prima di trasferirsi in un ufficio vero e proprio. Mumsnet ha attualmente trentacinque dipendenti, per lo più madri impegnate part-time. (Immagina come possa essere organizzato e ordinato quell'ufficio?) Grazie alle informazioni che vede ogni giorno, la Roberts viene spesso chiamata a commentare argomenti riguardanti la maternità. Ecco cos'ha dichiarato nel giugno 2011 in un'intervista a un quotidiano.

“Sono convinta – e le ricerche di Mumsnet lo dimostrano – che le madri lavoratrici continuino ad avere la piena responsabilità delle questioni domestiche [...] Siamo sempre noi a invitare gli amichetti a giocare, a organizzare le feste di compleanno, a gestire la cura dei figli. Se c'è un problema con il bambino, la scuola chiama me, non mio marito.[1]”

Secondo l'ufficio delle Pari Opportunità britannico, le donne sono ancora le figure principali per la cura dei figli e costituiscono circa il 90 per cento dei nuclei familiari monoparentali.[2]

Siamo nel 2012 e le donne portano ancora il peso delle responsabilità domestiche, anche quando entrambi i genitori lavorano. Le autrici di *Through the Labyrinth*, un libro sulla leadership femminile, ci ricordano che “i compiti delle donne sono più numerosi, costanti e difficili da tralasciare e questa mancanza di flessibilità contribuisce a creare il fardello che le donne devono sopportare".[3]

Non pensare che solo perché anche tu ti guadagni uno stipendio e/o lavori di più, anche il partner si occuperà della casa. Negli Stati Uniti gli uomini svolgono in media un'ora di faccende domestiche contro le 1,7 delle donne e un'ora di cura dei figli contro le 2,1 delle loro compagne.[4]

Ci sono ottime possibilità che anche tuo marito lavori e sia impegnato proprio quanto te. Sebbene quando sei assente faccia la sua parte, se ci siete entrambi, con tutta probabilità toccherà a te badare al bambino e preparare anche la cena.

Non ho bisogno di leggere nessun libro per saperlo... sono solo sposata da un bel po'.

Credo siano tre i motivi per cui le donne continuano ad accollarsi la maggior parte della gestione casalinga e delle responsabilità legate ai figli, anche se entrambi i genitori lavorano o se lavora solo la madre.

Il primo motivo è che siamo brave nel multitasking... molto più brave degli uomini secondo me. (A proposito, questa mia convinzione non è confermata da nessuno studio.[5] E, in effetti, esistono interi lavori secondo cui il multitasking può essere dannoso per l'efficienza.)[6]

Il secondo e il terzo motivo sono un risultato diretto del condizionamento sociale: 1) gli uomini si aspettano che le donne facciano tutto questo e 2) ancora peggio, le donne si aspettano di doverlo fare.

Il potere del condizionamento sociale

Questo libro parla della realtà di oggi, non di un mondo ideale. Gli uomini sono cresciuti pensando che le donne facciano le cose per loro.

Vorremmo che fossero cresciuti diversamente?

Certo. Quelle tra noi che hanno figli maschi pensino bene a come li crescono per evitare tutto questo.

DeAnne Julius è un'astuta bionda la cui carriera l'ha portata dal libro paga della CIA a fissare i tassi di interesse alla Bank of England e oltre. Pur avendo sessant'anni compiuti, fa parte del consiglio di amministrazione di parecchie società internazionali e continua ad avere una vita professionale attiva.

Una volta mi è stato chiesto di parlare alle dipendenti di una banca commerciale che si riunivano con cadenza regolare. DeAnne era tra gli oratori di uno di questi incontri, così ho pensato di parteciparvi per capire come funzionasse e farmi un'idea del tipo di domande che le venivano poste. Ha proiettato delle slide in Powerpoint, che hanno solo rafforzato ciò che già sapevo – vale a dire che era arrivata al top della carriera grazie a una concentrazione ferrea, a una rete di conoscenze invidiabile e a una cultura finanziaria eccellente – tutte cose che anch'io sto esponendo in questo libro.

Ma l'ultima slide ha catturato la mia attenzione più di tutte.

Chiedeva: "Ti stai costruendo una famiglia con pari opportunità? O, in quanto donna, fai tutto per tutti anche se lavori fuori casa?"

Mi sono accorta di essere colpevole.

Io non mi sono mai costruita una famiglia del genere. Da quando sono nati i miei tre figli, tutti maschi, mi sono presa cura di loro più che ho potuto, rincorrendoli di continuo, raccogliendo i giocattoli, pulendo le loro camere, preparando il pranzo e così via. Tutti e tre hanno cominciato a studiare in collegio relativamente presto, la sera si toglievano camicia, calze e pantaloni e... magia! la mattina dopo ricomparivano puliti in fondo al letto portati dalla Fatina della Lavanderia.

Pendevo dalle labbra di DeAnne.

"Ricordate" diceva "vi stupirà quanto possa fare un bambino di sei anni".

In casa di DeAnne, a quanto pare, vige una regola: chi cucina non lava i piatti e non pulisce. Io sono andata a casa e ho fatto svuotare la lavastoviglie ai miei Centri di Costo.

Naturalmente era un po' tardi... e mi scuso fin d'ora con le donne che un giorno li sposeranno. Se hai dei figli maschi e desideri un mondo diverso per le tue figlie (e per quelle degli altri), ricordatelo. Anche se hai femmine, occupandoti troppo di tuo marito potresti trasmettere l'idea che le donne devono fare tutto.

Questo però non è un libro per genitori, ma per donne che vogliono arrivare al top.

Prepararsi alla discriminazione sessista

Poco tempo fa parlavo con una donna sulla trentina, manager aziendale, sposata con figli, che chiameremo Stephanie e mi diceva:

“Al lavoro non mi trattano in modo equo. Dopo due sere in ufficio fino alle tre o alle quattro del mattino, ho chiesto di poter uscire visto che mi sembrava non ci fosse più bisogno di me e il mio capo mi ha risposto: ‘Sì, dovresti andare a casa dai tuoi figli’. Anche i miei colleghi maschi hanno figli, ma a loro non avrebbe mai risposto così.”

Questo è un trattamento sessista, a mio parere.

Ricordo che mi è successa la stessa cosa circa sei mesi dopo essermi sposata. Tutti si erano fermati a lavorare fino a tardi a un documento importante per un’offerta azionaria e qualcuno ha chiesto a me – e solo a me – se non dovessi andare a casa da mio marito. Altrimenti chi gli avrebbe preparato la cena?

Quella sera mi sono sfilata la fede dal dito e non l’ho mai più messa (tranne quando viene mia suocera dall’Australia).

A Miriam González Durántez, moglie del vice primo ministro britannico, è stato chiesto come facesse a conciliare un lavoro e tre figli, soprattutto visto il ruolo impegnativo del marito. Lei ha fatto notare al giornalista che quella domanda supponeva che fosse responsabilità sua, invece che del marito, mantenere l’equilibrio.

“Nessuno chiederebbe mai a lui come fa a fare tutto. Per qualche motivo la sua domanda presuppone che mantenere l’equilibrio sia compito mio.[7]”

Perché nessuno lo ha chiesto a lui?

Dopotutto aveva tre figli e una moglie in una posizione professionale di responsabilità.

Sembra che niente cambierà – almeno non nel giro di una generazione – e forse è meglio continuare a fare tutto e ad aspettarci che sia così.

Convivere con un marito casalingo

In futuro i mariti casalinghi saranno sempre di più, soprattutto per le donne con posizioni di rilievo.

Nel 2010 Mr Moneypenny ha deciso di lasciare il suo impiego a tempo pieno come commerciante di vini e di badare ai bambini mentre frequentava un corso di aggiornamento per allenatori di cricket. Non avevamo una donna delle pulizie per via della crisi, né una *au pair*. Ero un po' preoccupata e l'ho scritto nella mia rubrica.

Avrebbe funzionato?

Mi sono arrivate una marea di lettere che raccontavano cambiamenti familiari simili. Una di queste, di una signora che chiamerò Liz, era eloquente e umoristica e raccontava la sua storia con grande sincerità.

Diceva che dal 2007 quando il marito era stato licenziato due anni prima di poter andare in pensione, lei si era cercata un impiego a tempo pieno sebbene non lavorasse da parecchi anni. Era molto più giovane di lui e sapeva che avrebbe avuto probabilmente un'altra ventina d'anni di lavoro davanti.

Il marito aveva accettato di stare a casa e badare ai figli, tutti alle medie. La famiglia aveva anche un solo animale domestico, quindi Liz aveva pensato fosse il momento giusto per provare a invertire i ruoli e aveva suddiviso i compiti.

Il marito doveva:

- pulire il frigorifero (e capire quand'era necessario farlo)
- fare il bucato e stenderlo in modo da poter stirare il meno possibile
- pulire la casa durante la settimana (tranne le camere dei ragazzi)
- portare fuori il cane una volta al giorno
- fare la spesa giornaliera
- cucinare (questo a quanto pare non è stato un grande sforzo)
- leggere le comunicazioni scolastiche e agire di conseguenza
- controllare che i ragazzi facessero i compiti
- controllare che i ragazzi andassero alle visite mediche (anche se Liz è rimasta l'incaricata di prenotare e, nel caso, spostare gli appuntamenti)
- occuparsi del giardino.

Liz invece doveva:

- pulire i vetri
- stirare
- lavare la seta e la lana (ha deciso di occuparsene lei dopo aver perso un twin set di cachemire)
- comprare abiti e scarpe per i figli (le ragazze erano adolescenti, quindi riteneva necessario supervisionare lo shopping)
- occuparsi della burocrazia (per esempio il rinnovo del passaporto, il rimborso delle tasse, i libri della biblioteca)
- occuparsi della propria automobile.

Liz aveva messo per iscritto i compiti di ciascuno – per evitare di dover dire a tutti cosa fare – e me li aveva allegati.

Una lettura irresistibile.

Leggendo le due liste qui sopra però ti renderai conto che Liz era tornata a lavorare ma doveva ancora occuparsi di molte cose. In realtà faceva tutto... e gestiva pure il personale domestico di casa sua (la sua famiglia).

Come faceva?

Per dirlo con parole sue:

> “ Ho ascoltato il consiglio di mia sorella (‘Se non puoi permetterti qualcuno che pulisca, allora vivici insieme!’) e di una terapista (‘La tua situazione è come guidare su una strada ghiacciata. Lamentarsi equivale a dare un colpo di acceleratore o inchiodare... non ti farà raggiungere il risultato desiderato’). ”

Liz cercava di spiegarmi come si sentiva rispetto alla sua situazione di dover “fare tutto”: “Nella mente desidero tranquillità, pace e tempo libero, ma nella vita vera mi limito ad andare avanti”. A volte si sentiva sopraffatta – soprattutto quando realizzava di essere l’unica persona in grado di evitare che l’intera famiglia finisse sul lastrico – ma quando arrivava in ufficio e si ricordava quanto le piacesse il suo lavoro, si sentiva meglio: “Mi piace il mio lavoro, è più bello di tutti gli impieghi part-time che ho avuto prima”.

Ha anche dovuto affrontare il fatto che certe cose non fossero fatte bene come avrebbe fatto lei. “Noti dei ragazzi conciati male per strada e d’un tratto riconosci tuo figlio.”

Liz è un buon esempio di ciò che suggerisce il libro *Spousonomics*, vale a dire un approccio di vantaggio comparato per suddividere le faccende domestiche, in cui è l’efficienza a essere presa in considerazione e non una suddivisione 50:50.[8] Ha anche imparato che il segreto per delegare con successo è non aspettarti che le cose siano fatte come le faresti tu, ma sopportare che siano fatte in modo diverso.

Ognuno di noi ha i propri limiti di sopportazione. Quando deleghiamo, dobbiamo accertarci che chiunque sia l'incaricato li conosca. Io, per esempio, riesco a vivere anche con il letto non rifatto, con il bucato non lavato e con l'auto sporca, ma Mr Moneypenny sa che se torno a casa alla fine della settimana e vedo che nessuno ha aperto la posta, perdo totalmente il senso dell'umorismo.

Ann Moore, ex Ceo di Time Inc., è sposata da parecchi anni e ha un figlio. Appoggia con tutto il cuore l'idea di unire lavoro e vita domestica, ma è solita ammonire: "Bisogna trovare un equilibrio ed essere felici".

Sulla questione di dividersi i compiti domestici, ricorda come lei e il marito considerassero i generi di prima necessità in modo diverso. Quando è diventata mamma nel 1984, entrambi facevano la lista della spesa per la domestica: "Le due liste non coincidevano mai, nemmeno su un articolo". Ann includeva generi come pannolini, uova, latte, carta igienica, mentre il marito elencava tra i primi cinque le noci di macadamia e il succo d'uva Welch. "Con le differenze bisogna convivere" dice Ann. "È così."[9]

Allo stesso modo la babysitter non si comporterà con i tuoi figli *come* faresti tu e tuo marito non pulirà il frigorifero o cambierà le lenzuola *quando* lo faresti tu. Se decidi di delegare, soprattutto a un marito casalingo, devi imparare a non interessartene.

Alcune donne mi hanno scritto pensando che un

marito a casa sarebbe stata una tragedia. Ecco i pensieri di una di loro... chiamiamola Catherine.

Questa settimana ho letto la tua rubrica con una certa preoccupazione. Dici che Mr Moneypenny, in pensione da poco, dovrà sostituire "l'esercito di aiuti esterni nella cura dei figli" che hai sempre usato finora. Non voglio sminuire quella che a prima vista sembra una decisione economicamente ragionevole e soddisfacente, ma vorrei metterti in guardia. Qualche anno fa io e il mio ex marito abbiamo cercato di fare la stessa cosa con grande ottimismo, con solo due Centri di Costo. Potresti scoprire che, oltre ai dettagli sui documenti scolastici – come il giorno di inizio del quadrimestre, gli incontri con gli insegnanti e le date degli esami – ce ne sono altri – come tagliarsi le unghie e lavarsi i denti – che potrebbero essere presi in considerazione solo sporadicamente senza la tua supervisione (o quella di una *au pair*).

Altro avvertimento:

Gli argomenti di conversazione diminuiscono. So che tu hai lavorato in una banca di investimenti e sai pilotare un aereo, quindi avrai senza dubbio una serie di aneddoti da raccontare, ma potrebbe essere meno stimolante venire a sapere che la giornata di Mr Moneypenny è stata ravvivata da uno scambio di carrello al supermercato o dalla chiusura anticipata di Blockbuster. Forse ti verrà voglia di incoraggiarlo verso il golf o altri interessi sportivi, ma tieni a mente che questo contribuirà a diminuire le sue capacità di portare a termine anche i compiti più sostanziali, come accompagnare o andare a riprendere i Centri di Costo più giovani a scuola o a fare sport, e precluderà qualunque possibilità di affinare mansioni più minute. Non esiste un modo (innocuo) per evitare la frustrazione di vedere così pochi risultati in una giornata intera di lavoro o l'invidia di vederlo rilassato e imperturbabile rispetto a ciò che non è stato fatto. Ti consiglio di rimandarlo a lavorare o di continuare a usare il tuo esercito di persone.

Nota che Catherine sta parlando di un "ex" marito. Adesso è lei a pagare gli abbondanti alimenti.

Però tante donne ce l'hanno fatta.

Angela Braly, presidente e Ceo di WellPoint Inc. (WLP), sposata con tre figli, parla spesso del marito che è rimasto a casa mentre lei perseguiva una carriera di successo. "Apprezzo tantissimo la scelta che ha fatto, ed è davvero bravo." Sottolinea inoltre che molti sono scettici quando è il padre a stare a casa invece della madre e non sono certi – come la mia lettrice Catherine – che funzionerà. Per Angela invece "è splendido e va benissimo".[10]

E non è l'unica, ce ne sono altre.

Il marito del Ceo di PepsiCo, Indra Nooyi, ha lasciato il lavoro ed è diventato consulente per avere orari più flessibili e aiutare la moglie.[11]

Quando Angela Ahrendts, Ceo di Burberry, ha dovuto spostarsi dagli Stati Uniti a Londra, il marito Gregg (conosciuto alle elementari... questa storia la adoro!) ha dovuto chiudere la sua fiorente impresa di costruzioni e trasferirsi nel Regno Unito per gestire la famiglia. La sua esperienza si è rivelata preziosa per il restauro della grande villa neo-georgiana che hanno acquistato nella campagna londinese.[12]

Patricia Woerts, Ceo della multinazionale Archer Daniels Midland, elogia l'ex marito, consulente logistico, per avere fatto i sacrifici che hanno permesso a lei di continuare la scalata verso il successo all'interno dell'azienda. "A un certo punto ci siamo detti: la carriera di uno dei due deve avere la priorità". Hanno scelto la sua.[13]

Anche Helena Morrissey, Ceo di Newton Investment Management, e il marito hanno fatto la stessa scelta. Il marito di Helena, giornalista, fa il casalingo ma hanno anche una babysitter. Helena dice: "Forse quando sono gli uomini a stare a casa si viene un po' additate, ma penso sia utilissimo per sfatare il mito femminile".[14] Invita le donne a parlare con i mariti per decidere chi dei due debba rinunciare o rallentare la carriera per la cura dei figli.

Io appoggio in pieno questo tipo di approccio.

Non c'è motivo per cui debba essere per forza la donna a rinunciare alla carriera. Dovresti parlare chiaro con il tuo compagno e decidere quale delle rispettive ambizioni sarà più vantaggiosa per la famiglia sul lungo termine.

In un matrimonio in cui è il marito a stare a casa ci saranno inevitabilmente delle difficoltà che probabilmente non insorgerebbero se fosse lei la casalinga. È facile che un casalingo tenda ad arrivare sfinito al weekend e a passare il testimone della gestione domestica e familiare alla moglie. (E qui naturalmente torniamo alla discriminazione.)

Riesci a immaginarti una casalinga che quando inizia il weekend dice al marito che da quel momento è tutto nelle sue mani – i figli, i pasti e il resto – fino a quando non tornerà al lavoro il lunedì?

Certo che no.

Anzi, lui nel weekend va spesso a giocare a golf e si occupa pochissimo dei figli, perché ha bisogno di riposo dopo una settimana di duro lavoro in ufficio, di trasferte e così via. Ma nel caso in cui sia la madre a lavorare e a tornare a casa stanca il venerdì, spesso sarà comunque lei a occuparsi di tutto per concedere una pausa al marito.

Stephanie, di cui ho già parlato, è l'unica fonte di

reddito per la famiglia e il marito sta a casa con i figli.

Come vanno le cose?

“Il segreto è stabilire delle priorità. Avere dei figli ti rende molto più brutale nel prendere le decisioni, ma mi è capitato più volte di stare alzata fino all'una di notte a preparare una torta o a rammendare un paio di jeans, perché mi sentivo in dovere di farlo, anche se mio marito fa il casalingo.”

Nota l'espressione “sentirsi in dovere di...”: non dovrebbe nemmeno esistere nel vocabolario di una donna che lavora. “Sentirsi in dovere” implica che stai cercando di vivere la tua vita attraverso gli occhi degli altri, e non dei tuoi.

Stephanie spiega:

“Provo un senso di responsabilità verso cose esterne al lavoro che i colleghi maschi non hanno. Il venerdì sento il bisogno di tornare a ricoprire il mio ruolo di Mamma, togliendomi l'abito professionale; nel weekend concedo completa libertà a mio marito, è questo il patto. Bisogna essere capaci di chiudere le porte ad altri settori della propria vita ed è ciò che voglio fare: per me fare una pausa significa passare del tempo con i miei figli. La comunicazione è fondamentale, come osservare certe regole e attenersi all'accordo pattuito.”

Dice inoltre che tanti criticano il fatto che sia lei a lavorare e il marito a stare a casa e temo siano giudizi come questi a scoraggiare molte coppie dal seguire lo stesso percorso.

Forse Stephanie ha ragione e la sua “pausa” è prendersi cura dei figli, ma io sono più portata a pensare che stia solo facendo troppo.

Resistere alla pressione di essere una "Supermamma"

Una parte di me sospetta che il vero problema sia la pressione che le altre donne e i media fanno sulle madri, lavoratrici o meno, perché siano "Supermamme".

Ricorderò sempre il giorno in cui una mia collega ha mandato un'email a tutto l'ufficio con una ricetta di brownies velocissima: "Li ho fatti ieri sera mentre mettevo a letto i bambini, cucinavo per i miei suoceri, facevo le valigie per le nostre vacanze e lavoravo un po'!"

Voleva condividere con noi una ricetta salva-tempo, ma le uniche cose che ho pensato io sono state a) quanto dovesse essere sfinita con una vita del genere e b) che invece di scrivere a noi, avrebbe dovuto dormire!

Storicamente le donne passano più tempo oggi con i figli di quanto non facessero le loro nonne, e questo vale anche per le donne che lavorano. Si tende a volere interagire a tutti i costi con i figli – forse per via dell'influenza dei media e di tutte quelle madri che animano i blog – ma nel 2000 le mamme lavoratrici hanno passato con i figli la stessa quantità di tempo delle madri che non lavoravano nel 1975.

Inoltre le pressioni genitoriali tra le madri con un potenziale di carriera più elevato sono più intense. Le donne istruite, infatti, tendono a essere particolarmente critiche riguardo al proprio modo di essere madri e passano più tempo con i figli di quanto non facciano le loro controparti meno istruite.[15]

Sfruttare il potere della delega

Qual è il segreto per essere brave nel multitasking?

Semplice: imparare a delegare.

Delegare è fondamentale per una carriera di successo.

La baronessa Virginia Bottomley, attuale presidente della società di *headhunting* Odgers Berndtson, in occasione del lancio di uno studio sulla diversità tra i sessi all'inizio del 2011 ha dichiarato: "Se vuoi un lavoro di un certo rilievo, devi procurarti degli aiuti che lo siano altrettanto. Se vuoi riuscire a fare tutto, investi in qualche struttura domestica".[16]

Quindi basta fare torte e rammendare jeans all'una di notte. La torta comprala e sii fiera di potertelo permettere e i jeans mandali in sartoria.

Sii decisa! Supera il senso di colpa!

Quando hai successo, è normale che sia la domestica a prepararti le torte.

Tra vent'anni i tuoi figli dovranno andare in terapia perché la mamma non faceva le torte con le sue mani?

Ne dubito.

Jenny Knott, Ceo di Standard Bank, era l'oratrice principale dello stesso evento di Virginia Bottomley. Il pubblico era misto, ma la maggior parte di ciò che ha detto riguardava le proprie esperienze di donna, e quindi i suoi consigli erano rivolti a quelle presenti: "Dovete imparare a delegare e a non vergognarvi di non riuscire a fare tutto. Non potete essere delle Superdonne".[17]

La mia opinione sul delegare non è molto condivisa e ricordo una signora del pubblico a un mio evento che sosteneva di non voler fare carriera se ciò avesse costretto altre donne a vivere da serve per pulire casa sua: come poteva essere un segno di progresso per il genere femminile?

Innanzitutto ognuna di noi dovrebbe essere fiera del proprio lavoro – che sia fare le pulizie o gestire una società – quindi non vedo alcuna forma di schiavitù nel guadagnarsi da vivere facendo servizi domestici. In secondo luogo il collaboratore domestico potrebbe anche essere un uomo!

Questo libro riguarda i tuoi progressi, non quelli delle donne in generale anche se, dopo averlo letto, qualche donna in più arriverà ai vertici e sarà quindi utile anche per una causa più ampia. Se hai un impiego ben pagato, probabilmente creerai posti di lavoro, molti dei quali andranno a delle donne, il che sarà senz'altro un'ottima cosa. La tua domestica potrebbe usare il denaro per istruire i suoi figli. Io, per esempio, ho raddoppiato le dimensioni della mia attività e il numero di donne che ci lavorano (sono la maggior parte), e in più ho dovuto delegare tante faccende domestiche.

Tutto questo ha creato possibilità di impiego, diretto e indiretto, per altre donne.

Figli e casa: come trovare la soluzione migliore

Le autrici di *Backwards in High Heels* dicono che "lasciare tuo figlio con un estraneo è un'esperienza particolare" e che tante madri non sono pronte ad affrontare la "strana relazione" con la persona che si prende cura del bambino.

"Per molte donne l'incapacità di gestire il dilemma lavoro/babysitter può essere fondamentale per decidere di smettere di lavorare, avvertendo un forte bisogno di riaffermare la propria autorità di madri.[18]"

Nell'ottobre 2010 la rivista cinese Hurun ha pubblicato la classifica delle venti miliardarie "self-made" più ricche del mondo. Cosa interessante: undici su venti sono cinesi. Per quanto una parte di tale successo sia dovuta alla crescita economica, per la maggior parte, come sottolineato dal *Financial Times*, è il risultato dell'ambizione delle donne cinesi. Secondo uno studio del Center for Work-Life Policy di New York – organizzazione che si occupa di sviluppare il potenziale dei lavoratori nel rispetto dell'equilibrio Vita-Lavoro – il 76 per cento delle donne in Cina aspira a professioni di alto livello, contro il 52 per cento degli Stati Uniti. Pare che le donne in Cina e in altri mercati emergenti "siano in grado di puntare in alto anche perché hanno più persone a cui affidarsi quando si tratta di curare i figli rispetto alle europee e alle americane".[19] In questi paesi la cura dei figli è poco costosa e non stigmatizzata, quindi le donne possono delegare i propri impegni domestici.

Nel corso degli anni ho avuto la fortuna di avere delle babysitter splendide che sono rimaste con me per tanto tempo. Mi rendo conto che molti arrivano a odiare il pensiero di delegare la cura dei figli – alla babysitter, all'asilo nido, al pre-scuola, al doposcuola o altro – ma sono fermamente convinta che sia molto meglio così per i bambini che ritrovarsi con dei genitori stressati.

Ti senti in colpa se devi mandare tuo figlio all'asilo nido o affidarlo a una babysitter?

Nella vita di una donna in carriera il senso di colpa non deve esistere (vedi la sezione "compiti" alla fine del capitolo 5).

Visto che una babysitter efficiente ha permesso a me di esserlo a mia volta, ho optato per un sistema di incentivi: la babysitter riceveva un premio semestrale che ogni volta aumentava (in effetti, era un aumento retrodatato). Quando ne arrivava una nuova mettevo per iscritto ciò che per me era più importante in modo che non ci fossero dubbi e spiegavo che non l'avrei controllata in ogni singolo momento (sebbene in realtà stabilissi una serie di regole base molto abbondante).

In altre parole mi impegno nel pensare alla mia babysitter e al suo stipendio come faccio con i miei dipendenti. Lo stesso vale per Catherine May, direttore di divisione degli affari societari dell'azienda Centrica, che ha affermato:

> "Tante donne si lamentano del fatto che le domestiche non facciano cose importanti – come passare l'aspirapolvere sotto i divani – ma tutte sembrano fare fatica a dare direttive chiare quando, stranamente, non hanno problemi a farlo in ufficio. Penso che i membri dello staff domestico dovrebbero essere sottoposti a una valutazione annuale e trattati da professionisti, esattamente come facciamo con i colleghi in ufficio."

A me piace che le lenzuola vengano stirate (soprattutto perché sono fatte di tessuto molto pesante), mentre il resto della famiglia non gode di tale soddisfazione. Mr Moneypenny – e le tate/domestiche prima di lui – non ha preso bene la questione di stirare le lenzuola, quindi le porta in lavanderia. La lavanderia riesce sempre a rompere o a perdere i bottoni del copripiumino, ma almeno abbiamo il servizio a domicilio e le lenzuola sono stirate.

La spesa si può fare online (da qualche anno anche in Italia, sebbene nel Bel Paese siano ancora pochi i negozi che offrono questo servizio). Non è sempre perfetta, soprattutto se non hanno i prodotti in magazzino e procedono con strane sostituzioni (no, non voglio il pane integrale biologico al posto di quello normale che avevo ordinato… non siamo una comunità yoga tantrica), ma almeno non ho dovuto sprecare un paio d'ore a fare la spesa.

Un'altra cosa che può essere delegata sono l'organizzazione degli impegni sociali della famiglia e le faccende domestiche. A fronte di costi mensili contenuti alcuni club di servizi di alta gamma come TEN e Quintessentially si occupano di prenotare cene, trovare individui tuttofare per piccole riparazioni e acquistare regali.

Hai i suoceri in visita in città e non hai tempo di prenotare al ristorante con sufficiente anticipo?

Manda un'email al club e ci penseranno loro.

Ora, redigi un inventario di tutto ciò che devi fare regolarmente: c'è qualcuno che potrebbe farlo al posto tuo?

Una delle cose migliori che abbia mai fatto è stata iscrivermi al servizio taxi nel 1998. Se uno dei miei figli è disperso da qualche parte, o se io ho bisogno di andare in stazione in fretta, o se ho perso le chiavi e ho la necessità che mi portino il duplicato da casa, la soluzione sono loro.

Organizzarsi e usare bene il tempo

Ricordo che quando ho ricevuto la laurea *ad honorem* dalla University of East London, l'altro candidato era il fondatore di una grande azienda produttrice di biglietti, un settantenne di successo che si era fatto strada dal nulla e aveva avuto una grande carriera.

Nel suo discorso ha detto alle migliaia di laureandi presenti: "In un giorno ci sono ventiquattro ore. Usatele".

Secondo lui gli uomini hanno bisogno di sei ore di sonno a notte, le donne sette e i bambini otto.

Dormendo di più, si perde solo tempo.

Io sono d'accordo con il fatto che ogni ora del giorno vada usata. Non c'è niente che mi infastidisce di più che avere la sensazione di aver perso tempo. La diretta conseguenza è che non vado nemmeno in bagno senza qualche documento da leggere; può essere un luogo molto comodo e tranquillo, quindi quando la natura chiama, approfittane per sbrigare qualche pratica al di fuori del normale ambiente dell'ufficio. Io lo raccomando vivamente.

Sono sempre pronta a imparare metodi per risparmiare tempo. Spesso mi chiedono come faccio a gestire tutto: l'attività, la scrittura, l'insegnamento, la beneficenza, i miei tre Centri di Costo. E non è finita. Se ci aggiungi un marito australiano che non riesce a capire perché la gente dovrebbe indossare il cappello a cilindro per andare al Royal Ascot ("Sembro un becchino... chi si credono di essere gli Inglesi? Al prezzo di questo cappello avrei potuto comprare una mazza da golf nuova!"), immagino sembri un quadro abbastanza complesso.

Il mio più importante suggerimento per le donne che lavorano è imparare dagli altri a risparmiare tempo.

Io sarò grata per sempre alla persona (una madre lavoratrice) che mi ha insegnato che premendo la lettera "t" sul BlackBerry si accede direttamente alla lista delle ultime email ricevute o, se ne stai già visualizzando una, si va velocemente all'inizio.

Ecco, a mia volta, due consigli se, come me, stai cercando di velocizzarti.

- Primo, porta con te il computer quando vai dal parrucchiere, soprattutto se devi farti la tinta. La cosa meravigliosa dei loro negozi è che hanno prese di corrente vicino a ogni poltrona. Naturalmente questo è anche un trucco in tempo di crisi... quando la recessione finirà, tornerò al consiglio salva-tempo di far venire il parrucchiere in ufficio. Vale anche per la manicure e altri trattamenti di bellezza.
- Secondo, di tanto in tanto prendi il taxi invece a) della metro o b) di guidare tu, così potrai fare quelle tre telefonate per cui altrimenti non troveresti il tempo: ai figli, ai genitori, quella chiamata di lavoro non urgente ma utile per la tua reputazione. Ecco i vantaggi di non viaggiare sottoterra e di non guidare in prima persona. Dovrai pagare, ma ne varrà la pena.

Quando finirà la crisi, considera l'idea di farti portare in giro regolarmente. Non molte professioni possono giustificare un autista a tempo pieno, ma in realtà costa meno di quanto pensi. Qualunque serata con più di due eventi a cui presenziare giustifica la spesa: non c'è bisogno di affidare il cappotto al guardaroba, puoi lasciare la borsa in auto (oltre a biglietti da visita e collant di scorta) e puoi mostrarti generosa offrendo passaggi con un'auto più bella di una utilitaria.

Diane Benussi, avvocato divorzista di Birmingham, è d'accordo con me.

"Prenditi un autista, non dovrai più preoccuparti dell'auto e, soprattutto, potrai andare e venire senza lo stress di dover guidare e parcheggiare. Se pagato all'ora è economicamente vantaggioso, perché puoi lavorare in auto e guadagnare più di quanto ti costerà."

La gestione del tempo è un tema molto discusso nella letteratura accademica ed economica ed esistono una serie di corsi in merito. La gestione del tempo per le donne però è una capacità molto particolare, perché ci ritroviamo a conciliare una varietà di compiti ben superiore a una semplice pila di corrispondenza da smistare in ufficio.

Il libro di Ruth Klein sulla gestione del tempo femminile contiene una lunga lista di consigli, tra cui quello di tenere un'agenda per la pianificazione futura. Io ce l'ho: è un'agenda cartacea con tutti gli appuntamenti domestici (dentista, impegni del weekend, esami scolastici, scadenze dell'antipulci dei cani e così via) oltre ai miei impegni serali e ai viaggi, che la mia assistente, la Coscienziosa Olivia, mi invia a casa tramite email ogni giorno.

Imparare a "integrare per non soccombere"

Uno dei consigli di Ruth Klein che mi piace particolarmente è una cosa che pratico da anni senza averla mai descritta in modo ufficiale.

È ciò che lei chiama "integrare per non soccombere". Fa l'elenco di una serie di suggerimenti specifici per integrare famiglia e lavoro o impegni domestici. I consigli sono ottimi ma, se si ha intenzione di farlo davvero, penso sia necessario crearsi uno stato mentale vero e proprio.[20]

Per esempio se devo partire per un viaggio di lavoro durante le vacanze scolastiche, uno o più dei miei figli, o anche mio marito, possono venire con me?

Mi chiedono spesso di partecipare a eventi importanti con un "accompagnatore". Potrebbero essere il mio Centro di Costo n° 1 o n° 2, oppure Mr Moneypenny, così loro andrebbero a un balletto, all'opera o a teatro e nel frattempo sosterrebbero la mia carriera.

Nel 2010 e nel 2011 sono stata invitata al rinomato festival del libro di Hay-on-Wye, nel Galles, ed entrambe le volte ho portato uno dei miei Centri di Costo. Nel 2011, appena arrivata sul posto con il Centro di Costo n° 3, mi sono accorta di avere dimenticato di portargli i libri di scuola e che la settimana dopo avrebbe avuto gli esami. Lui non era poi così triste e, alla fine, come gli ho fatto notare, l'Hay Festival è un evento culturale.

Prima lezione, attualità: un gruppo di esperti leggeva i quotidiani. Il Centro di Costo n° 3 vuole entrare nell'esercito ed è rimasto particolarmente colpito quando hanno discusso il commovente articolo di un corrispondente dell'*Independent* che parlava della perdita del figlio in Afghanistan.

Lezione successiva, tecnologia: intervento online con *question time* per chi non era potuto venire a Hay ad ascoltarmi di persona.

Poi è stata la volta della matematica – ha dovuto calcolare il resto da una banconota da dieci sterline dopo aver preso una cioccolata – e dell'economia, quando ci siamo resi conto che mi avevano assegnato un auditorium da 430 posti invece di quello da 100.

Siamo poi andati a sentire Jonathan Stroud (il Centro di Costo n° 3 è appassionato dei libri della serie Bartimaeus) che ci ha fatto una lezione di scrittura creativa, arte e tipografia. Poi abbiamo partecipato a una lezione di scienze nell'area organizzata da Wiggly Worm (tra vermi, terra e piante), prima di concludere con teatro, musica e storia guardando una lettura drammatica di *War Horse*.

Avevo sostituito la scuola. Quindi, "integrare per non soccombere".

Dichiararsi "fuori servizio" e farsi sostituire

Infine ecco due consigli per riuscire a fare tutto, anche questi di Ruth Klein.

Accertati di conservare le energie in modo da riuscire a gestire tante cose diverse. Avrai bisogno di tempo libero per te. La Klein la chiama soluzione "Mamma fuori servizio", in cui ci si prende del tempo per ricaricarsi.

La tua famiglia deve capire cosa significa "fuori servizio".

Suona insopportabilmente egoista e, ancora una volta, ti sentirai in colpa prendendoti del tempo per te, ma qualunque cosa ti ridoni energia – che sia un'ora di sonno il sabato pomeriggio o due giorni alle terme con un'amica una volta all'anno – vale la pena di farlo.

Accertati inoltre di sapere chi sarà il tuo sostituto. La Klein raccomanda di formare un'unità di crisi prima ancora di averne bisogno. Lo descrive come una sorta di "squadra speciale", un gruppo di persone ben selezionate che ti sostituiranno a casa o al lavoro in caso di necessità. Potrebbero essere anche vicini, amici e parenti, per i quali devi pensare a qualche ricompensa.[21]

La vita è imprevedibile, quindi una "squadra speciale" di pronto intervento può essere vitale... potresti attingere dalla "Cerchia Ristretta" descritta da Lynda Gratton (di cui ho discusso nel capitolo 2).

Ho visto persone cambiare casa per avvicinarsi a dei buoni sostituti.

Ne vale la pena.

In questo capitolo spero di averti spiegato una delle difficoltà chiave per le donne che vogliono puntare in alto. Il problema è che avranno sempre giornate più piene di quelle degli uomini perché a casa saranno comunque responsabili di tutto. Anche se il partner è un casalingo.

Stabilisci le tue priorità, impara a delegare, organizzati, chiedi quando hai bisogno, conserva le energie, sii tollerante e paziente se le cose non vengono fatte come le avresti fatte tu.

Questo è il (relativamente piccolo) prezzo che dovrai pagare per avere una carriera di successo.

Soprattutto ricorda che *puoi* riuscire a fare tutto – in un modo o nell'altro – con un po' di aiuto.

Theresa Ahlstrom, partner di KPMG LLP e madre di due figli, l'ha detto ancora meglio di me: "Dico sempre alle neomamme di non arrendersi dopo sei mesi. Ci vuole tempo per mettere insieme tutti i pezzi, ma è possibile".[22]

COMPITI PER DONNE AMBIZIOSE

In qualunque fase della carriera

Individuare ciò che si può delegare per essere più libere

Tieni un diario per una settimana e registra tutto ciò che fai.

Scegli tre cose da delegare ad altri.

Pensa a cosa potresti fare avendo del tempo libero in più.

Se non dovessi pulire casa, potresti studiare e iscriverti a un master?

Fare degli elenchi per organizzarsi meglio

Quando piloto l'aereo, ho un elenco di tutto ciò che devo fare in ogni momento. L'ho stampato e plastificato e ne porto diverse copie in cabina per essere sicura di averlo. Questo approccio è fondamentale per qualsiasi cosa devi fare.

Devi andare in vacanza?

Fai una lista di ciò che devi portare. Risparmierai tempo.

Devi andare a fare la spesa?

Fai una lista delle cose da comprare. Poi puoi ordinare online o andare in negozio, ma in ogni caso farai prima.

Devi pensare al Natale?

Fai una lista per ogni cosa: dal cibo alle persone a cui fare regali. Io ho un blocchetto che porto sempre con me e uso i momenti liberi per ricontrollare e aggiornare le liste.

Conservare le energie

Prova questi semplici consigli. Rimarrai stupita vedendo quanta energia riuscirai a risparmiare e quanto tempo libero in più avrai.

- Tieni carta e penna vicino al letto in caso ti vengano in mente delle cose da fare, altrimenti rimarrai sveglia per tutta la notte, preoccupata di dimenticartele.
- Liberati dalla tirannia delle email. Nel weekend metti il BlackBerry in un cassetto e tiralo fuori solo mezz'ora al giorno. Cerca di farlo anche in settimana: dedica un momento preciso della giornata a controllare e rispondere alle email, invece di guardarle di continuo.

CAPITOLO 7

LA COMPETENZA FINANZIARIA

Come te la cavi con i numeri?

A un certo livello almeno un minimo li devi conoscere; se sei brava con i numeri, è probabile che tu abbia la carriera assicurata.

Sono tre i motivi per cui incoraggio le donne a diventarne quanto più possibile esperte.

- Primo: per avere pieno controllo delle finanze personali, cosa che permette di concentrarsi sulla carriera.
- Secondo: per accertarsi di capire il linguaggio dei professionisti ai livelli più alti.
- Terzo: (e forse più importante) perché la maggior parte delle donne ai livelli più alti a un certo punto della carriera deve occuparsi della gestione del denaro aziendale.

Miranda Lane ha una risata contagiosa che la rende subito simpatica. Abita in campagna, le piacciono i cavalli, ha un marito, due figli e un bel corpo che mimetizza con dei tailleur pantalone neri che, quando entra in una stanza, le conferiscono un'aria elegante ed efficiente. È particolarmente dotata nello spiegare le cose, nel raccontare e nel rendere semplici idee complesse, abilità essenziali visto che gestisce una piccola società di formazione nata una decina d'anni fa.

Miranda non ha cominciato nel settore della formazione. Anzi, è stata lei a formarsi come commercialista, qualificandosi nel 1985 presso una delle più prestigiose società contabili, la Touche Ross. Aveva studiato scienze politiche alla Exeter University, scelta non proprio azzeccata per una che si sarebbe poi imbarcata in una carriera fondata sui numeri.

Perché ha preso quella direzione?

Ecco i motivi che mi ha spiegato.

“Ho deciso di fare contabilità perché avevo deluso le aspettative di tutti, incluse le mie, per mancanza di impegno e per eccessiva leggerezza. Volevo una carriera vera e propria e stavo pensando all'investment banking, quindi mi sono accorta che dovevo fare qualcosa di serio. L'ho detto a un uomo piuttosto importante che, in realtà, mi ha risposto: 'Non spaccarti quella bella testolina con roba difficile come la contabilità' ed è stato come lanciarmi una sfida. Mi sono messa subito a studiare.”

Non tutte le donne del mondo sono portate per diventare commercialisti, ma se vuoi puntare in alto, ti consiglio di riflettere sui tre motivi per cui è utile conoscere i numeri.

Conoscere abbastanza bene i soldi da sapere cosa succede ai propri

Le donne ambiziose si concentrano su quel che fanno, ma se non lavorano con le cifre, tendono in genere a indirizzare le proprie energie ben lontano dal denaro.

Prendiamo l'esempio di Lady Gaga. Intervistata da Stephen Fry per il *Financial Times* nel 2011, ha spiegato quanto sia totalmente dedita alla carriera. Era apparsa in un talk show britannico e Fry pensava non fosse un evento poi tanto importante per una superstar internazionale del suo calibro, invece lei aveva riguardato il programma più volte.

“L'ho guardato e riguardato e ho visto le parti che mi piacevano e quelle che non mi piacevano [...] e ho detto: 'Ok, magari se qui avessi controllato meglio il respiro sarebbe stato diverso, e qui forse avrei dovuto fare un passo diverso...' Analizzo tutto ciò che faccio per migliorare.”

Poi ha continuato dicendo:

“Non ho l'ossessione delle cose materiali, il denaro non mi interessa e nemmeno l'attenzione del pubblico, mi interessa solo l'affetto dei fan, quindi più sono affezionati più riesco a migliorare come artista.[1]”

Quindi è questione di concentrazione: è fantastico e le donne ambiziose dovrebbero seguire il suo esempio.

Ma non per quanto riguarda la mancanza di competenza finanziaria.

Notate l'affermazione di Lady Gaga sull'assenza di interesse per le “cose materiali”, che a lei sembra una virtù. Non lo è. La parte dell'intervista che ricordo meglio è quella in cui descrive il rapporto con il denaro in modo più dettagliato, dicendo: “Devo ammettere che per me i soldi non significano nulla”.

Ha svelato che dopo la prima parte del Monster Ball Tour si era ritrovata in bancarotta.

“È stato divertente perché non lo sapevo! Ricordo di aver chiamato tutti chiedendo: 'Perché dicono che non ho soldi? È ridicolo, ho cinque singoli primi in classifica! E mi sono sentita rispondere: 'Be', sappi che hai anche 3 milioni di dollari di debiti'.[2] ”

A me non sembra affatto divertente... le donne ambiziose devono avere il controllo delle proprie finanze e credo che adesso anche Lady Gaga se ne sia convinta.

Nel marzo 2011 MasterCard ha lanciato l'Index of Financial Literacy sulla competenza finanziaria in Asia/Pacifico/Medioriente/Africa.

Indovina in quale paese dell'area Asia/Pacifico (comprese Australia e Nuova Zelanda) le donne si sono rivelate in cima alla classifica?

Non in Australia. Non a Hong Kong, né in Giappone. Ma in Thailandia.[3]

La Thailandia è molto più povera degli altri paesi; ciò significa che quando le donne devono contare ogni centesimo, sanno bene dove vanno a finire i soldi. Con le risorse che noi abbiamo a disposizione – o che viviamo con un reddito modesto (al momento) o con una serie di successi in cima alle hit parade – non ci sono scuse per non sapere come trarre beneficio dal nostro denaro.

Nel 2006 Alexa von Tobel, laureanda di Harvard, ha avuto l'idea di lanciare LearnVest, un sito di finanza rivolto alle donne. Essendosi resa conto che non esistevano corsi ufficiali ma solo risorse poco soddisfacenti di gestione finanziaria al femminile, ha fondato un sito che ha già guadagnato più di 5 milioni di dollari e istruito una grande quantità di donne.

Tu sai tutto delle tue finanze? Hai da qualche parte un foglio di calcolo elettronico con tutti i tuoi investimenti ed eventuali indebitamenti?

Ricorda che gestire le tue finanze ti renderà libera.

Per me è una cosa particolarmente importante nel matrimonio o in una relazione di qualunque tipo. Mai intraprenderne una – professionale o personale – con qualcuno se non ne sai abbastanza di finanza per fare le domande giuste.

Penso che in un matrimonio ogni donna abbia i propri punti fermi, che devono essere presi molto sul serio. Il mio è la trasparenza finanziaria. Mr Moneypenny può lasciare pile di vestiti per terra in camera da letto, risintonizzare tutte le radio della casa (e delle auto) su canali di sport, dimenticare di farmi un regalo per l'anniversario, ma qualunque segreto riguardante il denaro mi manda in bestia. Nel mio caso potrebbe trattarsi dell'acquisto di una nuova e costosissima mazza da golf. Per un'altra donna potrebbe essere un conto in banca segreto da qualche parte di cui il marito non le parla o una certa riluttanza a renderla partecipe del premio annuale.

Questo implica una mancanza di fiducia.

Gestire le finanze domestiche è un ottimo inizio per le donne ambiziose, sposate o no. Per raggiungere i tuoi obiettivi professionali, potresti avere bisogno di una pausa lavorativa, di acquisire una nuova abilità o di fare esperienza in un settore specifico (o con una certa società) e inserirlo nel curriculum, ma alcune di queste cose potrebbero implicare un guadagno minore o addirittura pari a zero.

Come potrai fare delle scelte, se non sai quanto ti serve per vivere?

Avrai molte più possibilità se cercherai di ridurre il debito al minimo, se saprai dove va ogni singolo centesimo e quanto risparmi.

Come donna, dovresti mettere da parte dei soldi. Nel corso della mia carriera ho seguito il consiglio di tante persone che considero dei veri e propri mentori (anche se non hanno mai goduto di questo titolo ufficiale). Uno di loro una volta si è sorpreso del fatto che non fossi più di tanto ricca: stavo acquistando la mia società ed ero stata costretta a investire anche gli ultimi centesimi. Un altro motivo era che avevo passato otto anni nel settore bancario senza mai essere pagata in modo adeguato (facevo la moglie per la maggior parte del tempo e, come molte donne, davo più valore alla flessibilità che ai soldi), ma la ragione principale era che non avevo mai sviluppato un'abitudine seria al risparmio.

Quando vado a parlare nelle scuole, lo dico alle ragazze e sottolineo l'importanza di accumulare capitale finanziario. L'aspettativa di vita, soprattutto per le donne, sta aumentando a dismisura e vivremo tutte più a lungo delle nostre madri e molto più delle nostre nonne.

Come faremo se non cominciamo a risparmiare da subito?

Nel Regno Unito due terzi dei pensionati che vivono in condizioni di povertà sono donne. Visto l'alto tasso di divorzi e il fatto che oltre la metà avvenga quando la donna ha più di quarantacinque anni, è essenziale prendere in mano la situazione e costruirsi il proprio capitale finanziario.

Sul sito Millionaire Mommy Next Door, Jen Smith descrive come, intorno ai quarant'anni, è passata da uno stipendio minimo da cameriera agli agi finanziari di una milionaria. Jen ha fatto una decina di lavoretti mentre da casa, in pigiama, imparava a investire in borsa e in se stessa.

“Le donne hanno bisogno di più denaro degli uomini. Perché? (Non per comprare più scarpe, borse e farci la manicure.) Abbiamo bisogno di più soldi perché viviamo più a lungo degli uomini, abbiamo uno stipendio più basso dei nostri pari maschi e siamo più inclini a essere genitori single costretti a mantenere una famiglia con un solo reddito. Le donne costituiscono l'87 per cento degli anziani poveri. Una donna che lavora a tempo pieno per quarant'anni guadagnerà 523.000 dollari in meno della sua controparte maschile. A sessantacinque anni questo mezzo milione di dollari in più potrebbe impedirle di invecchiare da povera! Cosa ci dicono queste tristi statistiche? Che le donne, soprattutto quando invecchiano, non sono pronte a prendersi cura di se stesse finanziariamente. Eppure a un certo punto della vita quasi il 90 per cento finirà a dover gestire le proprie finanze da sola.[4]”

Vai a comprare un libro sulle finanze personali, come *The Smart Woman's Guide to Making (and Keeping) Money* di Merryn Sommerset Webb (alias la mia Amica Cervellona).[5]

Vale la pena di investire un po' di tempo (e di soldi) in una questione vitale e sempre più complicata. Annamaria Lusardi, docente di economia, ha sottolineato quanto è importante per le donne risparmiare per la pensione. Confessa che lei stessa non l'ha fatto e si trova ora a “cercare di recuperare a cinquant'anni, situazione non ideale e che limita le possibilità”.[6]

Naturalmente i risparmi non sono importanti solo per la pensione.

Se sei sposata e stai pensando a una pausa per avere figli, hai fatto in modo di mettere da parte qualcosa in un conto corrente intestato solo a te?

Niente sarà più fastidioso di dover andare a elemosinare da tuo marito ogni volta che vorrai andare dal parrucchiere o uscire a pranzo con tua madre. Se sei a uno stadio iniziale della carriera, prima di sposarti o di prenderti una pausa, non sottovalutare quanto potresti sentirti infelice facendo una cosa simile. La mia "Amica di sempre" dice che "ti distrugge l'anima", anche se hai un marito che ti lascia spendere tutto.

Dover chiedere soldi influenza la tua sicurezza e ti dà la sensazione di aver perso l'indipendenza, il che può essere davvero deprimente.

Se pensi che questa ossessione per la finanza sia solo la fissa di una donna sovraistruita e sovrappeso con un debole per i commercialisti, ti consiglio di affidarti alla letteratura scientifica in merito.

Le conoscenze finanziarie sono molto importanti e le persone con scarsa competenza in questo ambito:

- hanno più probabilità di indebitarsi
- hanno meno probabilità di entrare in borsa
- hanno meno probabilità di scegliere fondi con tassi minori
- hanno meno probabilità di accumulare ricchezza e gestirla con efficacia
- hanno meno probabilità di fare programmi per la pensione.[7]

Nel luglio 2010, secondo il Servizio Recupero Crediti britannico, il numero di donne in bancarotta era quasi quintuplicato rispetto al 2000. Pare che in particolare le più giovani avessero difficoltà nella gestione del denaro, tanto che quasi i due terzi delle donne in bancarotta risultavano avere tra i 25 e i 44 anni. L'organizzazione femminile più longeva, la Fawcett Society, afferma che si tratta di una questione tipica dovuta al fatto che le donne guadagnano meno, possiedono meno e hanno un potenziale di guadagno minore. Secondo altri succede perché le donne sono irresponsabili e non hanno conoscenze finanziarie.[8]

Probabilmente si tratta di entrambe le cose che, cosa più importante, sono correlate.

Come se non bastasse, i consulenti finanziari sono convinti che molte donne debbano essere "incoraggiate" a capire se vengono pagate per ciò che valgono, perché "non sono sicure di sé come gli uomini né altrettanto consapevoli delle questioni finanziarie".[9]

Dobbiamo diventare più sicure e consapevoli, quindi incoraggio tutte voi a imparare qualcosa in più sulla *finanza* in generale e sulle vostre *finanze* in particolare.

Sai dove sono i tuoi conti correnti?

Sai qual è l'importo massimo delle carte di credito (e sai metterle in ordine decrescente in base agli interessi che paghi)?

Hai un piano per estinguere il mutuo?

Bene.

Imparare il linguaggio di chi è ai vertici

Adesso possiamo passare al secondo motivo per cui migliorare la tua competenza finanziaria: è essenziale imparare il linguaggio delle persone che incontrerai sul cammino verso il top della carriera.

Il denaro, come sanno bene gli studenti di economia, è un mezzo di scambio, un'unità di misura e uno strumento di valore. È il linguaggio con cui i valori di un mondo, come una tonnellata di grano o un barile di petrolio, possono essere espressi in un altro, ad esempio un'automobile o un abito di alta moda. Capire il denaro – almeno al livello base – e il suo valore ti permetterà di padroneggiare il linguaggio per parlare con chiunque praticamente di tutto. Le persone di successo capiscono il denaro, anche se non appartengono al campo finanziario.

Madonna saprà qual è stato l'incasso lordo di una tournée fino all'ultimo dollaro.

Melinda Gates saprà quanto costa una dose di vaccino antipolio.

Fiona Reynolds, che gestisce il National Trust nel Regno Unito – un'organizzazione che non riceve sussidi pubblici ma che si occupa della conservazione di edifici antichi e della campagna – saprà qual è il budget annuale, qual è la maggiore fonte di entrate e i principali centri di costo.

Indipendentemente dalle persone per cui lavori, fatti qualche domanda fondamentale.

Sai qual è il rendimento finanziario del tuo datore di lavoro?

Hai letto l'ultimo rapporto annuale, note comprese, e l'hai capito?

Come va rispetto ai concorrenti?

Se si tratta di un'azienda privata, ci saranno dei documenti contabili archiviati da qualche parte. Se è una società no profit o governativa, ci saranno dei parametri in base ai quali viene giudicata. Sai quali sono o conosci solo ciò che ti compete?

Consiglio alle donne ambiziose di imparare a leggere il *Financial Times*. Ormai si trova ovunque, anche in versione stampata, altrimenti puoi sostituirlo con qualunque quotidiano economico della tua nazione. Capire il rendimento finanziario di cui parla – di una società o di una nazione – ti permetterà di uniformarti al linguaggio delle persone di un certo rilievo. Questi sono giornali che bisogna imparare a leggere sul serio, non come una rivista di gossip. Io ho imparato a leggere il *Financial Times* da studentessa e ho cercato di insegnarlo anche ai miei dipendenti. A prima vista è impenetrabile ma se impari a leggerlo articolo dopo articolo, ti rendi conto che molte parti sono perfettamente comprensibili, anche per i principianti.

Leggendo regolarmente il *Financial Times*, diventi parte del club più esclusivo al mondo, i cui membri sono persone che contano, che respirano l'aria che vorresti respirare tu, che viaggiano comodi (o hanno un aereo privato) e che hanno il controllo di aziende e nazioni davvero importanti. Anche quando ho già letto il giornale online, ne compro una copia cartacea e me la porto dietro, soprattutto in viaggio. Serve a darmi un'immagine, a esprimere le mie scelte di lettura, vale a dire: "Sono una con cui vale la pena parlare, anche se sei uno degli individui più importanti e influenti del mondo".

Acquisire competenze finanziarie per arrivare al top

Supponiamo tu sia del tutto consapevole delle tue finanze e legga il *Financial Times* regolarmente. Ammettiamo che tu sia in grado di parlare della decisione della tale società di rinunciare ai dividendi o del crollo della bolla economica irlandese con chiunque incontri nella sala d'attesa della business-class (o, perché no, della prima classe).

Eppure per arrivare al top potrebbe non bastare.

Il terzo e forse più importante motivo per diventare finanziariamente consapevoli è che la finanza è una strada sicura verso il successo. Se un giorno vorrai ritrovarti a capo di un'azienda – e soprattutto dirigere una grossa società pubblicamente quotata – ti consiglio di procurarti con urgenza un titolo finanziario riconosciuto.

Una donna con una carriera di altissimo profilo citata dal "Female FTSE Index" della Cranfield School of Management è Alison Carnwath. Per incoraggiarti: Alison non ha studiato a Oxford o a Cambridge, ma nella rassicurante e tradizionale University of Reading e non ha conseguito un master. Ha comunque ottenuto il titolo di commercialista alla Peat Marwick Mitchell e nel 1980 è diventata consulente finanziario. Ha passato vent'anni a costruirsi una carriera in quel campo prima di lasciarla per accettare ruoli direttivi che attualmente includono quello di presidente di Land Securities, Barclays e Man Group, tutte società quotate sull'FTSE 100. Il titolo di commercialista l'ha aiutata a raggiungere i vertici.

Anche altrove la questione è sempre la stessa.

Molte delle donne che controllano i consigli di amministrazione di società quotate sull'FTSEurofirst 300 – indice che segna l'andamento delle trecento più importanti società europee – hanno un passato nella finanza e/o titoli di studio economici e alcune hanno anche titoli legalmente riconosciuti, altro requisito eccellente per una carriera di successo.

Quando nell'agosto 2006 la PepsiCo ha nominato Ceo Indra Nooyi – di origini indiane, che indossa abitualmente il sari e che in passato capeggiava un gruppo rock di sole donne – il commento dell'*Economist* è stato: "Indra Nooyi diventerà il Ceo donna più importante del mondo".[10]

Tuttavia non hanno scritto molto sul suo percorso verso i vertici. Prima di diventare Ceo, Indra è stata presidente e Cfo della Pepsi, nonostante non avesse il titolo di contabile. Aveva conseguito una laurea breve in chimica, fisica e matematica presso il Madras Christian College in India; aveva vinto un master in finanza e marketing all'Indian Institute of Management di Calcutta e aveva frequentato un master in gestione aziendale pubblica e privata presso la Yale School of Management.

Sarebbe un azzardo dire che, dovendo decidere a favore di Indra, i direttori della PepsiCo non siano stati positivamente colpiti dalla sua conoscenza della società e dalla sua capacità di capirne ogni sfaccettatura. La sua precedente attività per la PepsiCo è stata descritta dall'associazione Business Roundtable in questo modo: "Responsabile delle funzioni societarie, tra cui la finanza, la strategia, l'ottimizzazione del processo commerciale, le piattaforme aziendali e l'innovazione, l'approvvigionamento, le relazioni con gli investitori e l'Information Technology".[11]

Il ruolo di Cfo è stato molto utile per Indra, poiché le ha permesso di visionare l'intera attività aziendale e di mettersi in evidenza.

Tante altre donne hanno percorso la stessa strada per arrivare al top.

Quando è diventata direttore finanziario di Lloyds TSB, Helen Weir era il Cfo donna più potente del Regno Unito. (Ebbene sì, siamo tornati a Helen perché vale la pena capire come si fa a costruirsi una carriera con cui guadagnare più di un milione di sterline all'anno). Come Indra, anche lei ha una laurea breve in matematica e una specialistica in management oltre a, come abbiamo già detto, un titolo di contabilità manageriale conseguito alla Unilever. Tutto questo aiuta senza ombra di dubbio nella gestione delle finanze di una banca capitalizzata a 30 miliardi di sterline. Altra sorprendente somiglianza con il nuovo Ceo della PepsiCo, Helen ha cominciato la carriera nella consulenza aziendale, con la McKinsey. Nel 2006 ha vinto il riconoscimento di "Imprenditrice dell'anno" di *Harper's Bazaar*/Chanel attribuito a donne che hanno scalato la gerarchia aziendale e hanno raggiunto i vertici.

Le vincitrici dei quattro anni precedenti avevano tutte un pedigree finanziario fenomenale. Bibiana Boerio, nel 2011 direttore delle finanze e delle strategie per le Operazioni Internazionali della Ford, quando ha vinto era amministratore della Jaguar. Fa parte dello staff Ford da tempo e ha occupato diverse posizioni finanziarie, tra cui quella di vicepresidente esecutivo e Cfo di Ford Credit, oltre a essere stata paracadutata come direttore finanziario alla Jaguar quando questa è stata acquisita dalla Ford.

Visto? Direi che un'attività in ambito finanziario aiuta nella scalata ai vertici.

Un'altra vincitrice del premio è stata Vivienne Cox, allora vicepresidente esecutivo di una divisione della BP che, se fosse stata classificata separatamente, sarebbe stata quotata sull'FTSE 100 di diritto. All'epoca era l'unico membro donna del comitato esecutivo della società. La laurea breve (come quella di Helen a Oxford e, in parte, come quella di Indra, in chimica) è stata seguita da un master nella stessa materia, che l'ha condotta alla BP dove è presto passata al settore finanziario, entrando nel team che gestiva la privatizzazione della società. Ecco un altro esempio della finanza come via preferenziale verso i vertici delle più grandi aziende mondiali.

Partendo da tali presupposti, perché non sono più numerose le donne che scelgono questa strada?

Jeremy Rickman della Russell Reynolds Associates è un rispettato cacciatore di teste di Chicago specializzato nella ricerca di Cfo di talento per alcune delle società di maggior successo al mondo. È un commercialista ed ex direttore finanziario e dice che la qualità delle candidate continua a crescere. "Sempre più donne diventano direttori finanziari e non mi stupirebbe se l'ascesa continuasse" afferma. La Russell Reynolds

Associates cerca anche manager di alto livello e Jeremy è consapevole del fatto che ai direttori finanziari di oggi sia chiesto sempre più spesso di dare indicazioni per un futuro successore.

Helen appoggia l'idea che una qualifica professionale aiuti le donne ambiziose.

“Tutti i senior manager che conosco se la cavano bene con i numeri: danno un'occhiata a un bilancio e capiscono subito cosa dice. Avere questa capacità è molto importante per arrivare al top. Non tutti i dirigenti hanno una qualifica professionale in ambito finanziario, ma io penso che sia un ottimo punto di partenza.[12]”

Ovviamente non tutte le donne che diventano dirigenti di una società pubblica hanno cominciato così, anzi alcune hanno scelto deliberatamente una strada diversa. Belinda Earl, nominata amministratore delegato di Debenhams a trentotto anni, e successivamente Ceo per il marchio di abbigliamento Jaeger proprietario anche della casa di moda Aquascutum (quella che ha lanciato il mitico trench indossato da Bogart in Casablanca), ha studiato economia all'università ma ha rifiutato un contratto di praticantato alla Arthur Andersen per entrare invece nel programma di formazione di Harrods. Due anni dopo, nel 1985, si è spostata alla Debenhams, arrivando a gestire il merchandising e il commerciale e, infine, l'intera società.

È bello sapere che esistono altri modi, ma la cosa interessante è che, anche se lei non l'ha accettato, le avevano offerto un praticantato come contabile. Significa che aveva una propensione per i numeri già da giovane e comunque lei stessa ha sottolineato espressamente l'importanza di buone basi in materia finanziaria.

“Incoraggio chi ha intenzione di intraprendere la scalata verso il successo, non solo a conoscere la finanza, ma a farsi basi solide nel settore. Capire un bilancio non basta, serve una competenza completa. Il commercio, dalla gestione di un negozio agli acquisti in un'azienda o alla promozione di un prodotto, richiede questo requisito.[13]”

Chiaro?

Le donne ai vertici sono finanziariamente competenti. E in genere hanno i titoli giusti.

Avon è una delle aziende cosmetiche di maggior successo al mondo. Nel novembre 2011 ha nominato Cfo una donna, Kimberly Ross, che aveva passato i dieci anni precedenti con il gigante olandese Ahold. Aveva ricoperto diversi ruoli nell'ambito della tesoreria e dei settori tasse e finanza, nel novembre 2007 infine era diventata Cfo e membro del consiglio di amministrazione. Quando è stato annunciato il suo trasferimento da Ahold, il Ceo Dick Boer ne ha elogiato il contributo per l'azienda e le ha riconosciuto il merito di aver reso la Ahold “una società finanziariamente stabile con un bilancio ottimo”.[14]

Kimberly non possiede un titolo da commercialista, ma si è laureata in contabilità alla University of South Florida, poi ha cominciato la carriera nell'Internal Auditing presso Anchor Glass. L'Internal Auditing non viene considerato normalmente un settore molto affascinante, ma permette di vedere ogni singola parte della vita di una società e del suo funzionamento... è una formazione quasi migliore di un master.

Spesso consiglio a chi è determinato a entrare nell'investment banking ma ha difficoltà a ottenere una posizione nel settore fusioni e acquisizioni di provare con l'Internal Auditing. È un ottimo modo per entrare in un'organizzazione.

Ovviamente la finanza non è l'unico modo per arrivare al top. Un'alternativa è il settore legale, altra qualifica che compare sui curricula di molti personaggi di spicco. Donne di successo come Marjorie Scardino (Ceo di Pearson plc, proprietario della Penguin, casa editrice che ha pubblicato questo libro nel Regno Unito), Amelia Fawcett (presidente del *Guardian* Media Group), Maria da Cunha (capo della sezione legale di British Airways) e Sara Geater (Ceo della società di produzione televisiva Talkback Thames) hanno tutte un background legale. Anche la vincitrice della prima edizione del premio *Harper*, Sian Westerman, si era laureata in legge alla Birmingham University per poi qualificarsi come avvocato presso l'importante studio legale Slaughter and May prima di cambiare carriera e diventare il primo consulente finanziario donna nell'ufficio londinese di Rothschild.

La contabilità però è una strada più sicura.

Nel 2011 Catalyst (un'organizzazione no profit che si dedica ad ampliare le possibilità professionali delle donne) ha pubblicato alcune statistiche sulle donne che lavorano in ambito finanziario negli Stati Uniti. Eccole corredate dai miei commenti (in corsivo).

- Le donne costituiscono il 60,1 per cento di tutti i contabili e i revisori. *Fantastico!*

- In uno studio del 2009 le donne costituivano il 55 per cento dei laureati in contabilità neoassunti e il 41 per cento di tutti i commercialisti certificati. *Abbastanza incoraggiante.*
- Le donne rappresentano il 23 per cento dei partner aziendali, anche se costituiscono il 49 per cento dei dipendenti delle società contabili. *Un po' meno incoraggiante.*
- In uno studio del 2010 sul numero di donne nelle quattro società di revisione più grandi al mondo nel 2009, le donne erano il 18,1 per cento dei dipendenti. *Non basta.*

Secondo il Financial Reporting Council la proporzione di membri donna di sei grandi società contabili mondiali è aumentata dal 22 per cento del 1999 al 33 per cento del 2009. Dal 2004 però il numero di studentesse è rimasto costante (tranne nel 2008) al 48 per cento anche se, tra il 2004 e il 2009, la percentuale di studentesse all'Institute of Chartered Accountants in Inghilterra e in Galles è scesa del 3 per cento.[15]

Consapevoli del fatto che la finanza e le competenze finanziarie sono la via per il successo, servono più contabili.

Incoraggia ogni ragazza che conosci a prendere un titolo. Impediscile di presentarsi a Wall Street subito dopo la laurea breve, è meglio che prima si qualifichi e poi Wall Street l'accoglierà a braccia aperte. Anzi, l'accoglierà meglio di prima.

Il mio consiglio principale per qualificarsi è farlo in un città in cui sai di avere clienti interessanti con cui interagire. Nel Regno Unito, per esempio, incoraggio spesso le ragazze a studiare a Birmingham o a Bristol, invece che a Londra, in modo che possano fare da revisori in società di dimensioni più gestibili e vedere come operano.

Negli Stati Uniti quello di Certified Public Accountant (CPA) è il titolo dei commercialisti certificati che hanno sostenuto l'esame finale denominato Uniform Certified Public Accountant Examination. Il criterio per poterlo sostenere varia leggermente da uno Stato all'altro, ma se non si possiede una laurea in contabilità richiede generalmente un semestre di 150 ore.

Sapevi che puoi sostenere lo Uniform CPA Examination fuori dagli Stati Uniti, anche in paesi come Giappone, Bahrain, Kuwait, Libano ed Emirati Arabi Uniti?

Una volta passato l'esame, devi farti un po' di esperienza – in genere un anno o due – prima di praticare.

E io?

Come ho già detto, non ho studiato contabilità. Non lo rimpiango, visto che come per il senso di colpa, sono convinta sia uno spreco di energia emotiva, mi rammarico però di non aver preso il titolo di commercialista certificato. Quindi, come ho detto nel capitolo 3, sto progettando di sostenere gli esami come regalo per il mio cinquantesimo compleanno, nell'anno di pubblicazione di questo libro.

Se ti capita di incontrarmi, chiedimi come sta andando.

Ho studiato contabilità aziendale al master alla London Business School con il mio insegnante Andrew Liekerman, ora rettore, e sono sicura che proprio per questo considero i miei figli come centri di costo.

Eppure per me avere quella sigla davanti al nome avrebbe un valore enorme.

Infine ancora due parole su Miranda Lane (uno dei molti oggetti della mia invidia contabile). La sua società di formazione si chiama Finance Talking e insegna in tutto il mondo a capire il linguaggio dei mercati e la metrica delle performance finanziarie, oltre alla capacità di comunicarle ad altri.

Forse tu non vorrai diventare contabile, ma il motivo per cui la società di Miranda ha così successo è che in tanti si rendono conto che per fare un salto di carriera hanno bisogno di lei e del suo team per capire i numeri. La mia speranza è che in futuro tra i suoi clienti ci siano sempre più donne. Sarà il segnale che sempre di più sono in cammino verso il vertice.

Spero di aver dimostrato quanto sia importante la competenza finanziaria per le donne ambiziose. Cerca almeno di imparare a gestire le tue finanze, perché in futuro ti ritroverai con molte più possibilità di scelta.

La strada migliore e più sicura verso il top è acquisire un titolo riconosciuto in ambito finanziario. Non varrà certo per tutti, ma per chi riuscirà a ottenerlo, sarà probabilmente il modo più rapido di avere successo.

COMPITI PER DONNE AMBIZIOSE

Come diventare più competenti finanziariamente

Avere il controllo delle proprie finanze

Crea un foglio di calcolo con i tuoi debiti (mutuo, carte di credito, scoperti, prestiti) e scrivi i tassi di interesse che paghi.

Aggiornalo ogni primo del mese o quando ricevi i resoconti.

Riporta sullo stesso foglio le voci attive (proprietà, risparmi) e quanto valgono.

L'attivo aumenta?

O aumenta il passivo?

Mantieni l'equilibrio tra entrate e uscite in modo da risparmiare, anche poco.

Come si può fare? Bisogna tagliare le spese o trovare un secondo impiego?

Fissare degli obiettivi finanziari

Stabilisci qual è il tuo "obiettivo finanziario".

A una TED Conference alla London Business School nel maggio 2011 Payal Patel ha insistito molto sulla necessità di capire quanto denaro è "abbastanza".

Io, per esempio, vorrei non avere debiti, possedere tre proprietà e risparmiare una certa somma per il fondo pensione prima di smettere di lavorare. So esattamente qual è la cifra e non appena la raggiungerò, passerò a una carriera diversa, dedicando più tempo alle mie attività della cosiddetta "terza dimensione".

Tu sai qual è il tuo obiettivo finanziario?

Imparare il linguaggio delle persone che contano

Imparare a leggere il Financial Times e l'Economist

Ecco un modo veloce per farlo e, ricorda, in entrambi i casi conviene abbonarsi.

- *Financial Times*: comincia con le parti più accessibili per quattro settimane. Un esempio è Lucy Kellaway il lunedì e un articolo della rubrica Lex tutti i giorni. Leggi anche i sunti sulla sinistra della prima pagina di entrambe le sezioni, poi per le quattro settimane successive aggiungi un articolo al giorno. Prova anche una nuova rubrica ogni settimana. John Kay, Tim Harford, Andrew Hill o Michael Skapinker scrivono di management o economia. Impara a leggere Gillian Tett partendo dalla rubrica del sabato, la più accessibile, e poi passa ai suoi articoli più tecnici sulla finanza. Abbonati al *Financial Times* online e inserisci degli alert sulle società che ti interessano: quella per cui lavori tu/il tuo fidanzato/i tuoi genitori/il tuo partner.
- *The Economist:* comincia a leggere le rubriche "The Week in Politics" e "The Week in Business". Poi scorri l'indice e scegli due articoli a settimana, più una recensione libraria e il necrologio (ne pubblicano uno solo per ogni numero).

Scegliere una società al mese da analizzare

Leggi il rapporto annuale dell'azienda (tutte le società pubbliche lo presentano sul proprio sito). Poi cerca di trovare qualcuno che ci lavora e chiedi informazioni.

Seguire un corso di Finance Talking

I corsi di Miranda fanno capire come le aziende sono analizzate e giudicate da terzi e come comunicano la propria performance finanziaria. Sono ottime introduzioni al modo in cui operano i mercati finanziari ed esistono sia nella versione per gli Stati Uniti sia in quella per il Regno Unito. Cosa ancora più utile, puoi seguire i corsi in modalità e-learning ovunque tu sia. Visita il sito http://www.financetalking.com e se non sai cosa scegliere scrivile all'indirizzo miranda@financetalking.com.

Velocizzare il cammino verso il top

Conseguire una qualifica come contabile

Non importa che tipo di titolo tu scelga e ricorda che alcuni corsi di studio possono essere part-time.

Considerare il corso per CFA

Vedi al capitolo 1 i motivi per cui il CFA (Chartered Financial Analyst) è una qualifica finanziaria tanto utile. Per informazioni http://www.cfainstitute.org

CAPITOLO 8

LA TERZA DIMENSIONE

Mi spiace, ma essere brave al lavoro non basta. E nemmeno essere brave al lavoro e gestire una famiglia.

Per avere successo sul serio, serve una terza dimensione.

Perché?

Perché ti renderà più interessante come lavoratrice dipendente e, una volta che avrai raggiunto i livelli più alti, ti aiuterà ad acquisire esperienza. Può essere utile inoltre per costruirti la tua rete di conoscenze (che, come abbiamo visto nel capitolo 2, è importantissima).

Ho maturato questa convinzione osservando le donne affermate che ammiro e quelle all'inizio di una carriera di successo. Una di loro è Helena Morrissey, che abbiamo conosciuto nel capitolo 6. Helena è dotata di una bellezza insolita. Con il suo corpo snello, la pelle chiara e luminosa e gli occhi scuri è il tipo di donna ideale da dipingere. Se sei un giovane artista inglese, hai di che esserle grato, visto che è membro del consiglio di amministrazione della Royal Academy of Arts.

Nell'aprile 2011 ha concluso un accordo triennale tra il suo datore di lavoro (Bank of New York Mellon) e la RA per sponsorizzare gli istituti d'arte che sono parte integrante dell'accademia da quando sono stati fondati nel 1768. L'accordo prevede l'erogazione di sussidi agli studenti con difficoltà economiche. Come Helena ha detto: "Il ruolo delle Royal Academy Schools è estremamente prezioso per coltivare il talento e le idee di giovani artisti e per la salvaguardia stessa del futuro dell'arte.[1]"

Helena è da anni una sostenitrice convinta della RA, ma non è la sua unica occupazione. Nel novembre 2010 ha fondato il 30% Club, un gruppo che entro il 2015 spera di portare al 30 per cento la percentuale femminile nei consigli di amministrazione e nelle alte sfere delle società pubbliche.

In un'intervista realizzata nel dicembre 2010 parlava della:

> "tendenza delle donne a non osare e a non considerare il lato politico delle cose [...] dobbiamo esporci di più e far sentire la nostra voce.[2]"

Spero di poter contribuire, visto che faccio parte del comitato direttivo.

L'impegno per la Royal Academy e per il 30% Club è il motivo per cui il nome di Helena compare all'inizio di questo capitolo. Voglio incoraggiare le donne a trovare una terza dimensione, vale a dire un elemento che non sia il lavoro e nemmeno la casa.

Se sei ambiziosa e vuoi fare carriera, una terza dimensione sarà decisiva. Potrebbe – anzi, in certi casi dovrebbe – essere legata ai tuoi interessi professionali o familiari, ma può anche essere qualcosa di totalmente diverso.

Incontrando Helena ci si rende conto che non fa tutto questo per auto-promuoversi, ma è sinceramente motivata a sostenere buone cause come quella della

RA e a fare la differenza nel mondo con il 30% Club. Tuttavia anche se non hai una vena filantropica, devi sviluppare una terza dimensione.

Ricorda, nel capitolo 2 ho sottolineato l'importanza di costruire relazioni con gente che conta. Per farlo bisogna:

- *Interessarsi agli altri.* Spero che tu abbia una sufficiente attitudine in questo, altrimenti devi svilupparla. Trovare qualcosa in comune produrrà una relazione naturale fondata sugli interessi condivisi. Fai domande – intelligenti – e preparale in anticipo se sai di dover incontrare qualcuno per la prima volta. Mostra interesse nei confronti suoi, del suo lavoro, della carriera, della famiglia, degli hobby. Se la conversazione langue, riattivala in qualche modo. Lo scrittore americano Dale Carnegie ha detto: "Per essere interessante agli occhi degli altri, devi prima di tutto essere interessato a loro".[3]
- *Interessare gli altri.* Accertati di essere a tua volta interessante. Per farlo devi scoprire quella che chiamo "terza dimensione" della vita. Dovrebbe essere qualcosa diverso dalla tua principale fonte di impiego e dalla famiglia, trova qualcosa in cui impegnarti e a cui contribuire in modo significativo.

Fare uno sforzo in più per avere più argomenti

Talvolta si presume – o si desume – che gli individui di successo siano coinvolti in attività no profit per "restituire qualcosa". Io penso innanzitutto sia improbabile avere successo senza essere coinvolti in qualcosa al di fuori della casa e della famiglia.

Quando siedi vicino a una persona influente a cena, quando incontri qualcuno in aereo, quando fai un colloquio di lavoro, sarà la terza dimensione ad aiutarti a emergere: sii memorabile, renditi interessante. Se hai un lavoro insolito o stravagante, forse potrebbe bastare (anche se una ballerina di lap dance o un agente segreto dell'Fbi forse non ci terranno a svelare la propria professione), ma ti faccio notare che potrebbe non essere sufficiente per sostenere una conversazione di un certo interesse con qualcuno di livello superiore al tuo. Soprattutto all'inizio della carriera.

La tua famiglia potrà anche essere fondamentale per te, ma in genere non è un buon argomento. Anzi, via via che invecchi e hai dei figli, la conversazione potrebbe diventare sempre più noiosa. Non molti imprenditori e manager, nemmeno donne, vogliono avere a che fare con qualcuno che parla solo di lavoro e/o della pappina biologica del figlio che costa un occhio nella testa.

All'inizio della carriera, quando devi iscriverti al college, la terza dimensione è fondamentale e lo sarà per tutto il resto della tua vita. Ecco un motivo per cui le università chiedono prove della sua esistenza. Degli ottimi voti servono a farsi un'idea di una persona ma per emergere non bastano. Barry Taylor, direttore delle comunicazioni alla University of Bristol, afferma:

"Se si vuole studiare letteratura in un'università di spicco, bisogna per forza avere degli scrittori preferiti e un'opinione in merito. O magari essere *impegnati* [corsivo dell'autrice] in un circolo di lettura o avere scritto qualcosa di proprio pugno.[4] ”

Per illustrare quanto le cose non convenzionali e insolite (così come quelle personali) si imprimono nella mente delle persone, guarda l'elenco sottostante.

1. Tassi di interesse
2. Volontariato con le vittime della tratta umana
3. Le nozze reali
4. La politica estera statunitense
5. Il cambiamento climatico

Chiudi gli occhi per venti secondi, poi aprili e recita l'elenco a memoria.

Ci sono buone probabilità che ti sia ricordata il volontariato con le vittime della tratta umana.

La terza dimensione non deve per forza riguardare la beneficenza. Può anche essere lo sport: conosco una donna di successo che fino a quarant'anni ha praticato l'hockey ad alti livelli e una sulla ventina che è una giocatrice di poker accanita e usa spesso le sue ferie per organizzare qualche torneo. Lo sport è una terza dimensione perfettamente accettabile sia che tu sappia praticarlo bene sia che tu ne sia coinvolta dal punto di vista organizzativo.

Lucy Pearson, che compirà quarant'anni nel 2012, è l'ispirata preside di una prospera scuola superiore mista alle porte di Manchester, la Cheadle Hume School. Ha accettato la carica nell'estate 2010 ed è la prima volta che svolge tale ruolo, anche se ne ha già occupati altri di rilievo in diverse scuole importanti. Si è laureata alla Oxford University e, secondo fonti attendibili (il mio Centro di Costo n° 1), è un'insegnante di Inglese molto brava. Ma meno di un terzo delle 244 parole della sua pagina in Wikipedia sono dedicate alla carriera da insegnante. Questo perché ha giocato a cricket nella squadra femminile inglese e detiene un record mondiale per la performance contro l'Australia nel 2003 in cui in una singola amichevole ha realizzato un punteggio incredibile. Questa "terza dimensione" sarà senz'altro emersa in tutti i colloqui di lavoro e le avrà insegnato tanto sulla leadership e sul lavoro di squadra.

Sono certa che sarebbe diventata un'ottima insegnante e preside anche senza aver mai giocato a cricket, ma sono sicura anche del fatto che agli albori della carriera di insegnante questo l'abbia aiutata a emergere dalla massa.

Ti piace uno sport ma non sei abbastanza brava per praticarlo ad alti livelli?

Fai l'arbitro. Gestisci una squadra. (Non basta fare il tifo per la squadra locale una volta al mese o guardare di tanto in tanto il tennis in televisione... non ti renderà abbastanza interessante.)

A quanto pare la terza dimensione è una cosa di cui i datori di lavoro e i colleghi sembrano capire il valore. Ho discusso dell'argomento in occasione dell'annuale Women in Business Conference presso la London Business School e le ascoltatrici hanno confermato che la terza dimensione è la cosa sulla quale vengono più volte interrogate nei colloqui di lavoro.

Ti prego di non usare la scusa che il lavoro non ti lascia abbastanza tempo.

Ricordi Helena, di cui ho parlato all'inizio del capitolo?

È il Ceo di Newton, la sede inglese di Bank of New

York Mellon, specializzata nel settore azionario globale e multi-asset, che gestisce 50 miliardi di sterline. È diventata Ceo nel 1994 a trentacinque anni. Per la cronaca è anche direttore della Investment Management Association per il Regno Unito – che rappresenta gli interessi dell'industria finanziaria nei rapporti con il governo e con gli organi di vigilanza a livello nazionale e internazionale – ed è rappresentante del settore gestione fondi nel Practitioner Panel, l'organismo di consultazione formato dai rappresentanti dell'industria finanziaria cui fa riferimento l'autorità indipendente di vigilanza sui mercati finanziari, ovvero la Financial Services Authority (FSA).

Eppure riesce a occuparsi della Royal Academy e del 30% Club.

Quindi qual è la tua scusa?

Se stai pensando di usare la tua vita familiare come pretesto non funzionerà. Helena ha addirittura nove figli. Io mi sento sfinita solo a scriverlo. Forse ti stupirai nel sentire che li ha avuti sempre con lo stesso marito, ma la cosa ancora più impressionante è che ha anche avuto sempre la stessa babysitter. Ammette che casa sua è gestita come una "caserma" e ha la fortuna di avere l'appoggio di un marito casalingo ma, anche così, trovare il tempo per la terza dimensione potrebbe non essere facile.

È meglio dare che ricevere

Pensi di essere già molto interessante?

Bene!

Ma anche se lo sei, c'è un altro motivo per cui potresti ritenere utile sviluppare una terza dimensione. Ti aiuterà a costruirti una "Comunità rivitalizzante" (di cui ho parlato al capitolo 2). Dai un'occhiata ai membri dei consigli delle organizzazioni no profit: nel complesso sono persone che la gente sarebbe interessata ad avere nella propria cerchia di conoscenti e sostenitori.

Mentre ti costruisci una rete, è più importante dare che ricevere, come ho più volte sottolineato nel capitolo 2.

I giovani all'inizio della carriera mi chiedono spesso come possono avere qualcosa da offrire alle persone più anziane, esperte e di maggior successo per continuare a mantenere i contatti. Ti consiglio di scoprire qual è la loro terza dimensione (se non hai già fatto ricerche in merito prima di incontrarli) e offrirti di aiutarle.

Per esempio come volontaria per una raccolta fondi.

Quando incontro persone che mi colpiscono e decido che mi piacerebbe passare più tempo con loro e riuscire a considerarle nuove conoscenze, mi chiedo: "Cosa posso fare per loro?" Anche se hai appena finito il college, l'approccio giusto da adottare è questo.

Hai vinto una gara di pianoforte internazionale?

Hai viaggiato in barca a vela attorno al mondo?

Sei arrivato a possedere il primo milione di dollari a ventun anni?

Anche se sei una persona già interessante con una rete di amicizie brillanti, aiutare qualcuno nella sua terza dimensione è un ottimo modo per fare qualcosa... dando invece che ricevendo.

Usare la terza dimensione per arrivare in alto

C'è un altro motivo, soprattutto se sei una donna, per inserire una terza dimensione nella tua vita e perseguirla fino ai massimi livelli.

Servono più donne nei consigli di amministrazione delle organizzazioni no profit. Entrare nel consiglio di una di queste ti conferirà le abilità e l'esperienza necessaria per quello di qualunque altra società. Le organizzazioni no profit, infatti, soprattutto le più grandi, operano proprio come le società pubblicamente quotate: hanno dei comitati, devono identificare nuovi soci, eleggere il presidente e nominare i Ceo.

Un'esperienza del genere ti sarà utile quando ti troverai a occupare una posizione nel consiglio di un'azienda. Acquisirai le competenze, ma anche la sicurezza, per puntare a un ruolo simile nella tua società o in qualunque altra.

E a noi davvero servono più donne nei consigli di amministrazione.

Nel Regno Unito è rappresentato da donne circa il 12 per cento dei membri dei consigli di amministrazione delle 100 società pubbliche più importanti ed, escludendo i direttori non esecutivi, la percentuale diminuisce attorno al 6 per cento.[5] Nel 2011 negli Stati Uniti, secondo l'analisi annuale Bloomberg Rankings, la rappresentanza femminile nei consigli di amministrazione delle Standard & Poor's 500 era del 16 per cento.[6]

Ecco perché nel Regno Unito Helena ha fondato il 30% Club, usando la propria posizione di Ceo di un gestore di fondi, e quindi di un grande azionista istituzionale, per puntare verso il cambiamento. Lei stessa dice:

“Mi rendo conto che se hai raggiunto una certa posizione e puoi usarla in modo efficace, hai una certa responsabilità. So bene che la Newton non è la società più grande del mondo, ma gestiamo ben 50 miliardi di sterline. Abbiamo moltissime conoscenze, tanti fondi pensionistici e clienti vari, e io sono coinvolta in questioni molto ampie. Se ciò significa che le persone parleranno con me, dovrei essere pronta a supportare la causa in prima persona.[7]”

Né io né Helena siamo fan delle quote rosa. Sono state introdotte in Norvegia, dove adesso c'è la più elevata proporzione di dirigenti donna in Europa, quindi a prima vista sembrano una buona soluzione. Eppure da allora nessuno dei dati pubblicati mostra un miglioramento nelle performance delle società norvegesi. I sostenitori delle quote rosa ritengono che esse contribuiscano ad aumentare il numero di donne qualificate sedute nei consigli di amministrazione, per assicurare che ce ne siano di più con una certa esperienza. Personalmente penso che portino solo a nomine "proforma". Esiste un sito che elenca le donne nominate ogni anno nei consigli di amministrazione delle società quotate nell'FTSE 100 e in altre 250 aziende e la cosa fenomenale è che ognuna di loro è stata designata per le proprie capacità e la propria esperienza, e non perché il presidente doveva attenersi a una direttiva governativa.[8]

Per avere più donne nei consigli, è utile avere dei presidenti che sostengano in modo concreto un incremento della rappresentanza femminile ed è questo che Helena e tutte noi del 30% Club stiamo attivamente cercando di raggiungere, anche se non basta. Servono molte più donne nei consigli di amministrazione che siano pronte a entrarci.

Come prepararsi?

Tanto per cominciare, segui i consigli di questo libro. E, cosa fondamentale, entra nel consiglio di un'organizzazione no profit, soprattutto se composto da qualche direttore di aziende pubbliche. Acquisirai esperienza e migliorerai il tuo profilo.

Poi entrano in azione altri aspetti della tua terza dimensione. Un libro sull'argomento parla della necessità di "mettersi completamente in gioco", vale a dire che costruire relazioni con gli altri attraverso la discussione di questioni non lavorative può essere molto utile ed entrare nel consiglio di amministrazione di una no profit può offrirne l'occasione. Ciò infatti contribuisce a costruire la fiducia e a favorire l'empatia, poiché dà l'opportunità di esprimere molto di se stessi e non soltanto il proprio punto di vista sul problema aziendale del momento. Più sei interessante, più sarà facile.[9] Non dimenticare di dotarti di argomenti diversi da famiglia e lavoro.

Ovviamente un incentivo del governo può aiutare. Nel 2011 nel Regno Unito è stato pubblicato il Davies Report che invitava i consigli di amministrazione ad avere almeno il 25 per cento di membri donna entro il 2015.[10] Il rapporto invita l'organo di vigilanza Financial Reporting Council (FRC) a emendare il Codice di autodisciplina britannico delle società quotate in modo da richiedere alle aziende di:

stabilire una politica riguardante la diversificazione dei sessi all'interno del consiglio di amministrazione che comprenda obiettivi verificabili, oltre a rendere pubblico un resoconto annuale della politica stessa e dei progressi compiuti nel raggiungimento degli obiettivi stabiliti.[11]

All'epoca in cui scrivo, non si sa ancora se il FRC procederà all'emendamento del codice, sebbene riconosca che la mancanza di personale femminile nei consigli di amministrazione:

indebolisce il consiglio incoraggiando il "pensiero di gruppo" [...] dimostra il mancato uso di uno staff di talento [...] e sfocia in una debole [...] interazione con i clienti e la forza lavoro, oltre a offrire alle dipendenti scarso incoraggiamento per puntare in alto.[12]

Tale invito, unito alla richiesta di dichiarare i propri obiettivi e i progressi compiuti nel loro raggiungimento, è, secondo me, molto meglio delle quote rosa, alle quali io sono del tutto contraria. Personalmente non aspiro a entrare nel consiglio di amministrazione di una società pubblica, posso raggiungere i miei obiettivi senza bisogno di farlo e non mi garbano più di tanto le responsabilità finanziarie e legali che ne conseguono. Mi bastano quelle legate al mio lavoro e alla mia famiglia.

Però mi piacerebbe vedere più donne nei consigli perché penso che entrambi (le donne e i consigli) ne beneficerebbero enormemente.

Nel settembre 2010 la Commissione Europea ha lanciato una "Strategia per le pari opportunità tra uomini e donne 2010-2015". Il Commissario per la Giustizia, Viviane Reding, ha chiesto a tutte le società di impegnarsi ad avere almeno il 30 per cento di membri femminili nel consiglio di amministrazione entro il 2015 e il 40 per cento entro il 2020.[13]

Anche negli Stati Uniti penso abbiano bisogno di

un 30% Club. Qualche lettrice americana ha intenzione di avviarne uno?

Come mai non esistono iniziative del governo statunitense?

Uno studio di Corporate Women Directors International mostra che gli Stati Uniti si collocano dietro paesi come Bulgaria, Lituania e Sudafrica nelle statistiche sulla rappresentanza femminile all'interno dei consigli di amministrazione. L'unico raggio di luce è che alcune società (tra cui American Express, Cisco, Deloitte, Morgan Stanley e Intel) stanno sperimentando iniziative per conferire alle dipendenti più promettenti e capaci le abilità e il supporto per arrivare a posizioni di leadership.[14]

La professoressa Susan Vinnicombe della Cranfield School of Management si è specializzata in una ricerca sulla diversificazione nei consigli di amministrazione: ogni anno pubblica un rapporto sul numero delle donne presenti nelle sale di consiglio delle 100 società più rilevanti del Regno Unito. (Scommetto che a lei gli argomenti di conversazione non mancano affatto.) Ultimamente ha registrato qualche miglioramento, ma non molti. Anche questo potrebbe essere un argomento in sé. Se le cose non migliorano da entrambe le parti dell'Atlantico potremmo finire a dover applicare le quote rosa, che porteranno a donne nominate solo per raggiungere un numero, e non per merito. Ciò comporterebbe la presenza in ambito lavorativo di donne con bassi standard di conoscenze. L'atteggiamento maschile non ne gioverebbe e non verrebbero certo forniti i modelli giusti.

Alla maggior parte degli azionisti non potrebbe importare di meno se una società in cui hanno investito nomina un uomo, una donna o un marziano come direttore non esecutivo. Ciò che vogliono è che quel direttore produca valore aggiunto in termini di monitoraggio delle performance raggiunte dalla società, della strategia adottata e dei rischi corsi nel loro interesse e che sostenga il direttore esecutivo nel produrre il rendimento più elevato possibile sul capitale impiegato. Quindi, se sei una donna e vuoi entrare in un consiglio di amministrazione, fatti esperienza nel monitoraggio delle performance, della strategia e dei rischi e mettila in pratica nel tuo lavoro o nel consiglio di un'organizzazione no profit.

Avremo così un numero di donne sempre maggiore nei consigli di amministrazione anche grazie a donne desiderose di fare carriera e di acquisire esperienza preziosa, come l'ammiratissima Hilary Cropper. Era presidente di Xansa, il gruppo informatico nato come una società di sole donne ed era anche una grande paladina delle pari opportunità, ma non ha mai fatto questioni di genere nella sua carriera: quel che ha avuto se l'è meritato.

Lo stesso vale per tante altre persone che non sono bianche, non sono uomini e non hanno mai giocato a golf con il presidente della società.

Come diceva l'elegante brochure di sedici pagine dal titolo *Brighter Boards for a Brighter Future* pubblicato dal Ministero britannico del commercio e dell'industria nel 2004:

> Pensa sul lungo termine. Forse non sarai assunto subito, ma non arrenderti. Continua ad acquisire le capacità che un giorno ti porteranno nel consiglio di amministrazione della società cui sai di appartenere.[15]

Come aggiungere la "terza dimensione"

Può essere difficile aggiungere una terza dimensione alla tua vita, soprattutto all'inizio della carriera.

Ecco qualche consiglio per cominciare.

Accertarsi di non spiccare per la propria ignoranza

Tutti dovrebbero conoscere un po' di tutto. Dovremmo sapere qualcosa di arte, musica, letteratura e capirne di storia e politica.

Dovremmo essere al corrente dei temi di attualità e per questo, soprattutto quando non ho tempo, trovo utilissimi i compendi. Almeno una volta alla settimana leggo:

- le rubriche dell'*Economist* ("The Week in Business" e "The Week in Politics")
- gli eventi della settimana del quotidiano *Spectator*
- la prima pagina del sito della BBC (che cerco di guardare tutti i giorni).

Essere fonte di ispirazione e di entusiasmo

Anche supponendo che tu legga di tutto, hai comunque bisogno di una terza dimensione che distingua la tua vita da quella di tutti gli altri. L'ideale dovrebbe essere qualcosa che ti interessa davvero, oltre che utile per la tua carriera.

Intervistata da Oprah Winfrey nel 2009, Maya Angelou ha dichiarato: "Ho imparato che le persone dimenticano ciò che dici, dimenticano ciò che fai, ma non dimenticheranno mai come le hai fatte sentire".[16]

Un buon punto di partenza è fare una checklist prima di scegliere a cosa dedicare il tuo prezioso tempo oltre al lavoro e alla famiglia. Ecco la mia.

- È una cosa che mi appassiona? (Emergere non significa solo riuscire a parlare, in modo competente, di un nuovo interesse, ma dipende anche da come susciti entusiasmo, sincero interesse, vitalità e fiducia. Si vedrà apertamente quando parlerai della tua nuova avventura.)
- È adatta al mio lavoro? (Ci penserei bene, per esempio, prima di fare la volontaria per Amnesty International se lavorassi per un'azienda produttrice di armi.)
- Mi darà la possibilità di portare valore aggiunto all'organizzazione?
- Mi conferirà il giusto profilo pubblico (vedi capitolo 9)?

Nel 2000 ho applicato questo elenco a un'organizzazione di nome Tomorrow's People, che lavora con i disoccupati di lunga data. L'esclusione sociale mi appassiona, così come il fatto di incentivare le aspirazioni delle persone (soprattutto donne) e infondere loro fiducia perché trovino un impiego e contribuiscano in modo positivo all'economia. Quello del lavoro era un settore che aveva a che fare con la mia professione e così per il primo anno ho fatto la volontaria un pomeriggio ogni quindici giorni in un centro di consulenze a sud di Londra, portando (spero) del valore aggiunto.

Sono passata poi nella commissione sviluppo e alla fine nel consiglio dei soci che, a sua volta, mi ha portata a conoscere i più grandi membri dell'organizzazione, permettendomi di costruirmi la mia posizione personale.

All'associazione ho dedicato molto tempo e, più avanti, anche denaro e ho contribuito sfruttando i miei contatti, ma sono io la prima a dover ringraziare per l'aiuto che il coinvolgimento in Tomorrow's People ha dato alla mia carriera.

Come ho fatto a trovare Tomorrow's People?

Ho chiesto a una persona che conoscevo dove avrei potuto offrire tempo ed energie e le ho esposto il mio interesse per la collaborazione con associazioni di beneficenza nel Regno Unito (ci sono molte cause meritevoli all'estero, ma ho pensato di cominciare da qui) e per l'esclusione sociale, piuttosto che per il settore medico.

Ti consiglio di cercare una terza dimensione proprio come cercheresti un impiego o un nuovo fidanzato.

Chiedi a persone fidate di consigliarti qualcosa che pensano potrebbe piacerti.

Guardare il quadro nel suo insieme

Quando trovi qualcosa, pensa a come inserirlo in un quadro più ampio, per esempio:

- l'importanza culturale per la nazione
- l'importanza dell'ambiente
- il contesto internazionale.

C'è sempre un quadro più ampio. Rifletti sul senso più allargato del tuo interesse e sui soggetti più importanti coinvolti, siano essi delle organizzazioni o dei singoli individui.

Ti faccio un esempio.

Ti interessa l'arte?

Sai quali opere d'arte corrono il rischio di essere esportate, i motivi e cosa s'intende fare per salvaguardarle?

Sai quali saranno vendute all'asta e a quale prezzo?

Sapere le risposte a queste domande potrebbe renderti davvero interessante.

Ci sono molte organizzazioni artistiche in cui fare volontariato. Guarda nei consigli dei grandi istituti d'arte, dopotutto le persone più di successo e influenti si interessano di arte e cultura. Il museo d'arte moderna di New York, per esempio, conta non meno di tre Rockefeller nel consiglio di amministrazione. Nel Regno Unito tra i membri consiliari della Tate Gallery ci sono Elisabeth Murdoch e Lionel Barber, editore del *Financial Times*.

Più il quadro è ampio, più è utile.

All'inizio della carriera, se ti concentrerai per essere interessante e interessata, le opportunità arriveranno... potrai occuparti di sport, ambiente, istruzione, sanità e molti altri settori. Comincia a offrire tempo e capacità organizzative, visto che nessuno si aspetta che una persona giovane abbia del denaro a disposizione. Apportare il tuo capitale umano – le tue capacità –

sarà ugualmente importante. Tutte le organizzazioni di beneficenza e no profit hanno bisogno di conoscenze finanziarie, legali e di risorse umane. Stai certa che le tue capacità e la tua esperienza, se hai investito nel tuo capitale umano, saranno le benvenute.

Usare il capitale sociale è un'altra cosa importante. Molto prima di poter staccare un assegno corposo di persona, potresti invitare qualcuno che può farlo a una raccolta fondi.

Questo capitolo riguarda il volontariato in vista della carriera.

Forse ti sembrerà un comportamento mercenario.

Pensi che la maggior parte delle persone impegnate nel volontariato lo sono per il bene dell'organizzazione e dei beneficiari?

Ma certo.

Però avranno di certo pensato anche a come offrire tempo ed energie in modo che sia utile per la loro carriera e viceversa.

L'impegno di Helena Morrissey per la Royal Academy, che la sua società sponsorizza, le permette di intrattenere i clienti della Newton con eventi ai quali in genere non avrebbero accesso. In questo modo i suoi sforzi vanno a vantaggio sia della RA sia del suo datore di lavoro.

Trovare una terza dimensione che vada a vantaggio tuo, della tua carriera, del tuo lavoro o della tua famiglia e allo stesso tempo ti permetta di offrire alcune delle tue capacità crea un circolo virtuoso da cui tutti possono trarre beneficio.

Ho spiegato come sviluppare una terza dimensione

ti aiuterà a diventare più interessante, ad ampliare la rete di contatti e, infine, ad acquisire capacità ed esperienza utili anche alla tua carriera. Ma se davvero vuoi aiutare i meno fortunati, dovresti leggere questo libro e concentrarti sulla tua carriera in ogni singolo aspetto, e non solo sulle sezioni riguardanti la beneficenza.

Perché?

Perché il modo migliore per aiutare i poveri è fare in modo di non diventare uno di loro.

All'inizio della carriera

Come pensare in modo strategico a una terza dimensione

Scrivi le cose che ti interessano in tutti i possibili campi: sport, arte, ricerca medica, temi sociali. Sono tutte potenziali terze dimensioni.

Poi scegline una e cerca le organizzazioni che se ne occupano.

Sono presenti sul territorio nazionale e/o locale?

Anche se la risposta è no, offri il tuo tempo e fallo diventare un'abitudine come lavarsi i denti o andare in palestra. (Anzi, dimentica la palestra. Ogni volta che mi riprometto di andarci, fallisco nell'intento.)

A metà carriera

Rivedere le attività di "terza dimensione" in cui si è coinvolte

Se non ne hai, torna al primo esercizio.

Ne hai più di due?

Devi darti delle priorità. Rivedi i tuoi obiettivi personali e confrontali con le attività di "terza dimensione". Idealmente dovresti averne al massimo tre:

- una a cui dedichi tanto tempo, la "principale"
- una a cui dedichi del tempo ogni tanto
- una a cui dedichi pochissimo tempo.

Qualunque cosa in più significa che stai facendo troppo, a meno che tu non abbia tante persone a cui delegare.

A meno di dieci anni dalla pensione

Fare della terza dimensione la propria carriera futura

Se avessi abbastanza soldi per andare in pensione, a quale attività di "terza dimensione" dedicheresti più tempo?

Esistono posizioni part-time o da volontari in quel settore?

Ti servono titoli o esperienze specifiche per ottenere quell'incarico? (Per esempio nel Regno Unito se si tratta di occuparsi di bambini, avrai bisogno di un'autorizzazione speciale.)

Adesso è ora di pensare a come fare.

CAPITOLO 9

ESSERE PR DI TE STESSA

Ogni donna dovrebbe passare il 5 per cento del proprio tempo a promuovere se stessa.

"Gran parte degli 'anonimi' della storia sono donne" ha dichiarato Virginia Woolf.

È ora di cambiare.

Chi non è incline all'autopromozione non sarà molto contenta. Dopotutto è facile trovare uomini che sembrano passare il 55 per cento del proprio tempo a fare i PR di se stessi e non vogliamo certo essere assimilate a loro.

Perché l'autopromozione è così importante?

Secondo una ricerca del 2009:

> Tra le donne è radicata la convinzione che se svolgono bene il loro lavoro ne otterranno i giusti riconoscimenti in termini di promozioni e ricompense [...] [ma] per ascendere a posizioni di leader [...] occorre qualcosa di più che fare le cose bene.[1]

Non è sufficiente essere brave sul lavoro, bisogna accertarsi che la gente sappia chi sei. Spesso le donne ignorano questa necessità perché pensano che l'autopromozione sia inappropriata. La consulente di marketing americana Kelly Watson classifica tali deleterie convinzioni in quattro categorie. Vedi se per caso una di queste non ti fa squillare un campanello d'allarme.

- Il Mito della Stronza ("L'autopromozione mi farà sembrare arrogante")

- Il Mito della Principessa ("Se sono brava abbastanza, la gente lo verrà a sapere comunque")
- Il Mito Famiglia e Amici ("Dovrebbero essere gli altri a parlare dei miei successi, non io")
- Il Mito della Martire ("Avere il controllo di ciò che pensa la gente è impossibile")[2]

Quale/i mito/i sottoscrivi?

Melanie Healey, presidente di Procter & Gamble per il Nord America, dovendo dare un consiglio a donne più giovani, ha detto:

“[alla] P&G suggeriamo di fare riferimento a un modello focalizzato: sulla Performance (producendo i migliori risultati possibili); sull'Immagine (costruendosene una solida, accompagnata da una reputazione e una credibilità che lo siano altrettanto, oltre a una forte integrità) e sulla Visibilità (accertandosi di ottenere quella necessaria per passare al livello successivo).[3]”

Nota che due di questi tre ambiti riguardano le pubbliche relazioni (sviluppare una solida immagine e ottenere la giusta visibilità).

Comincia stilando un elenco delle cose cui vuoi essere associata e per le quali desideri essere conosciuta.

Una performance eccellente, ovvio, e poi?

La capacità di supportare gli altri?

La generosità?

L'esperienza in un particolare settore?

Gli ottimi contatti?

In generale che idea vuoi dare di te stessa?

Una volta affinato il messaggio, devi trasmetterlo. In una campagna promozionale attentamente progettata, i canali di distribuzione del messaggio sono importanti quanto il messaggio stesso.

Internet: un alleato o un nemico?

Nella seconda decade del ventunesimo secolo, internet è ormai un potente canale di distribuzione di informazioni.

Cosa si può scoprire su di te navigando in internet?

Le più giovani (e anche quelle che lo sono meno!) avranno un profilo su Facebook, LinkedIn, Twitter e altri social media. Queste pagine, e tutto ciò che contengono, sono coerenti con il messaggio che vorresti trasmettere su di te?

I tuoi profili includono fotografie o commenti che potrebbero sminuire l'immagine che vorresti creare?

Trovo sconcertante come ragazze del college, che lotteranno nel duro mercato del lavoro per generazioni e dovranno accaparrarsi i rari tirocini disponibili lungo il percorso, spesso – di proposito – postino foto in cui sono scarsamente abbigliate o in stato di ebbrezza.

Per non parlare degli argomenti di cui twitta la gente!

LinkedIn

Accertati che il tuo profilo LinkedIn sia aggiornato e rappresenti le qualità che vorresti trasmettere a potenziali datori di lavoro. Ricorda, LikedIn è il tuo curriculum digitale, il tuo bilancio personale su internet.

Elenca i tuoi impieghi, i successi, i premi ricevuti e le caratteristiche che ti contraddistinguono.

Parli quattro lingue?

Hai un blog seguito da migliaia di persone?

LinkedIn offre lo spazio per promuovere tutto questo (ricorda la "terza dimensione" di cui abbiamo parlato). Se possibile, chiedi a clienti ed ex colleghi di scriverti delle referenze. In un'era sempre più dominata da internet, il profilo online è importante quanto qualunque tipo di promozione.

Gli alert di Google

Per mantenere traccia del tuo profilo online, programma un alert di Google su te stessa. Se un amico posta una fotografia inappropriata, chiedigli di toglierla. Se qualcuno scrive qualcosa di falso e svantaggioso, cerca di eliminarlo, anche se non potrai sempre controllare tutto, in special modo quando diventerai famosa e avrai una carriera più stabile.

Ricordo la prima volta che qualcuno ha postato qualcosa di spiacevole su Mrs Moneypenny. Mi ero abituata ai commenti offensivi pubblicati sotto i miei pezzi dedicati a qualche argomento più forte, ma quegli articoli denigratori proprio su di me rappresentavano una nuova dimensione. Ho chiesto consigli e mi è stato detto di non fare nulla perché, a meno che non si trattasse di ingiuria, non ne valeva la pena. Al contrario ho cominciato ad accertarmi che le opinioni positive su Mrs Moneypenny aumentassero, per ricreare una sorta di equilibrio.

Il miglior canale di distribuzione della propria immagine è il proprio aspetto

Penserai sia un po' civettuolo cominciare a parlare di pubbliche relazioni con qualche osservazione sull'aspetto fisico, ma questo è importante almeno quanto un profilo online. Usare quello che ho chiamato in precedenza "capitale erotico", termine coniato dall'accademica Catherine Hakim, va ben oltre l'attrazione sessuale e include:

> "fascino e abilità sociali, forma fisica e vivacità [...] capacità di autopresentazione, come trucco, acconciatura, abbigliamento e tutte le altre arti di autoabbellimento.[4]"

Sto pensando più a Michelle Obama che a Jordan o a Pamela Anderson.

Prendiamo gli uomini ambiziosi e di successo: non verranno mai assunti solo perché sono incredibilmente affascinanti e attraenti, ma di certo non perderanno mai la possibilità di avanzare nella carriera solo perché non sono ben curati. Basta che siano ben vestiti e presentabili per mettere in secondo piano l'aspetto.

Per le donne è più complicato, perché non esiste una "uniforme" standard come capelli corti e curati, giacca e cravatta. Ricorda che la maggior parte delle persone si fanno un'idea di chi hanno di fronte nei primi trenta secondi, quindi l'aspetto e il modo di parlare e atteggiarsi sono fondamentali.

L'abito giusto...

Una volta sono stata contattata da una giovane di una società di servizi professionali che aspirava a diventarne socia. Pur avendo lavorato sodo per ottenere quel ruolo, avendo fatto ben oltre il minimo necessario e avendo già seguito tutti i consigli dei capitoli precedenti, l'avanzamento di carriera non le era stato proposto. Era seduta di fronte a me a lamentarsi del proprio destino chiedendomi cos'avrebbe potuto fare di diverso.

Le ho suggerito che forse avrebbe potuto vestirsi come una socia della sua azienda e le ho chiesto di descrivermi le donne che già lo erano.

Quante mettevano in mostra una scollatura come la sua?

E quante indossavano i colori inopportunamente vivaci che portava lei quel giorno?

Meglio ricordarsi che l'abito è importante.

L'anno scorso la mia collega del *Financial Times* Vanessa Friedman ha scritto un articolo sull'importanza dell'aspetto per le donne che fanno politica. Ma, ovviamente, è essenziale per tutte le donne ambiziose, che aspirino alla politica, al commercio o al no profit. Vanessa scriveva che:

“ prima ancora di ascoltare qualunque discorso; prima ancora che venga deciso chi esce vincitore o perdente da un dibattito; prima ancora di dare un voto, vengono espressi dei giudizi, basati, innanzitutto, sulle supposizioni fatte in merito all'aspetto, a cominciare da ciò che si indossa.[5] ”

Questo vale per uomini e donne allo stesso modo.

Analizza il tuo guardaroba, comprese le scarpe che porti abitualmente.

Trova dei modelli tra le persone che svolgono il ruolo cui aspiri.

Cosa indossano?

Mentre scrivo ho accanto a me una copia del *Financial Times* con un'immagine di Christine Lagarde, direttore del Fondo Monetario Internazionale, che mi è capitato di incontrare in qualche occasione. Indossa un tailleur blu scuro, un sottogiacca color panna e discreti gioielli di diamanti: ha un aspetto elegante e professionale.

Può essere che tu preferisca gli abiti eccentrici e li consideri un'opportunità per manifestare la tua personalità, ma ti suggerisco di vestirti fin da giovane come se ti aspettassi di raggiungere i vertici.

Io ho acquistato il mio primo foulard Hermès a ventisei anni. Avevo scoperto che le donne alle quali desideravo assomigliare lo portavano tutte. (Da allora ne ho accumulati molti e ho anche un libro pubblicato da Hermès e distribuito su richiesta nei loro negozi intitolato *How to Wear Your Hermès Scarf*, che consiglio caldamente alle donne ambiziose!)

La cosa migliore che abbia mai fatto è stata chiedere aiuto a qualcuno. Sono entrata in un negozio in cui c'erano gli abiti che mi piacevano, classici e professionali, e ho chiesto assistenza. Ho risparmiato tempo (la commessa mi ha portato un sacco di abiti da provare e sono riuscita a fare tutto al termine di una giornata di lavoro) e denaro (non comprando le cose sbagliate). Adesso ci vado regolarmente con qualche amica dopo il lavoro e passo un'ora o due con un personal shopper.

Considera il guardaroba un investimento importante per la carriera. Se acquistato correttamente, ti farà guadagnare molto più di quanto hai speso e forse farà passare in secondo piano il dispiacere di dover buttare quella minigonna verde acido.

... e *la giusta acconciatura*

Se pensi sia segno di regressione incoraggiare le donne ambiziose a preoccuparsi di ciò che indossano, forse il prossimo consiglio non ti piacerà.

Anche i capelli sono importanti.

Nel 2001 Hillary Rodham Clinton è stata l'oratrice alla 300ª cerimonia di consegna dei diplomi dell'Università di Yale. Vestita con un tailleur pantalone azzurro si è rivolta a una folla di circa 20.000 persone e ha parlato di servizi pubblici, di questioni legate all'infanzia e della diffusione dell'AIDS nel mondo.

Ma cosa ricorda la gente di quel discorso?

L'allora senatrice ed ex First Lady aveva detto, seria:

> “la cosa più importante che ho da dirvi oggi riguarda i capelli. È una lezione di vita che la mia famiglia non mi ha insegnato. [E neanche] la Wellesley e la Yale Law School. I vostri capelli inviano messaggi significativi a chi vi sta attorno [...] Prestate attenzione ai vostri, perché tutti gli altri lo faranno.[6]”

Nella vita ci sono molte cose oltre ai capelli, ma è un buon punto di partenza per riflettere sul modo di presentarsi.

Per gli uomini è facile, vero?

Magari alcuni avranno il problema di conservare i capelli che hanno, compito talvolta piuttosto gravoso. Noi donne invece dobbiamo preoccuparci del taglio, del colore, dello styling e, chi di noi compare in pubblico di tanto in tanto, anche della messa in piega.

Mi è stato detto da fonti attendibili che la compianta Diana, principessa del Galles, aveva un appuntamento con il suo parrucchiere tutte le mattine. A quanto pare lo stesso vale per Anna Wintour, direttrice di *Vogue America*.

Naturalmente le donne all'inizio della carriera non possono permetterselo, possono però investire in un buon taglio e nel giusto colore in modo da rendere semplice il mantenimento. Forse investire in un trattamento lisciante se hai i capelli crespi è meglio di un abito nuovo. Se invece i tuoi rendono molto di più quando te li asciuga il parrucchiere, fatteli fare prima degli eventi importanti.

In passato mi dava fastidio "sprecare" tempo dal parrucchiere, ma mi fa sentire più sicura di me e poi ci sono un sacco di prese della corrente sparse per il salone, così posso continuare a lavorare. Il mio vero consiglio salva-tempo sarebbe far venire il parrucchiere da te, ma è un lusso che in poche possono permettersi. Un consiglio più economico è portarsi sempre dietro una spazzola. Prima di una presentazione (o di partecipare alla riunione del mattino), passa due minuti in bagno e sistemati i capelli. È gratis e fa la differenza.

La soluzione ideale potrebbe essere uscire con un parrucchiere, come fa Julia Gillard, primo ministro australiano, o di farne sposare uno a tua figlia. Ho conosciuto da poco la suocera del guru dell'hair styling Frédéric Fekkai.

Le ho chiesto se quando la figlia aveva portato a casa Frédéric per la prima volta, realizzando quanto avrebbe risparmiato in vent'anni, l'avesse chiuso in casa e fosse andata a prenotare la chiesa.

Io avrei fatto così!

Mai trascurare i piccoli gesti quotidiani

Nel suo articolo Vanessa Friedman ha inserito il commento di Hillary Clinton sui capelli, ma anche la seguente osservazione.

“Consideriamo questo esempio: prima di concorrere per la presidenza del Brasile, Dilma Rousseff si è rifatta i denti e gli occhi, si è schiarita i capelli e ha assunto lo stilista Alexandre Herchcovitch come consulente e durante le elezioni nessuno ha battuto ciglio. L'aspetto era importante.”

Ebbene sì, unghie, sopracciglia, peli in eccesso… bisogna pensare a tutto. Io lo considero un investimento necessario per eliminare l'aspetto dai motivi per essere respinta.

Ecco cosa consiglio di portarsi dietro ogni giorno a ogni donna ambiziosa per essere sempre fresca come alle 9 del mattino:

- correttore
- collant di scorta

- rossetto
- spazzola.

Concentrati sull'idea che cerchi di dare di te stessa e accertati di essere coerente con ciò che ti sei prefissata.

Cos'altro?

Farsi notare dalle persone giuste

Ecco perché i consigli del capitolo 2 sono così importanti.

Una manager citata nel rapporto statunitense Catalyst sulla presenza femminile nei consigli di amministrazione ha detto:

> “presentati in un ambiente in cui le persone possano vederti in azione [...] Ti considereranno molto di più e molto più velocemente che bussando alla porta e consegnando il tuo curriculum.”

Tali reti strategiche sono spesso ad ampio raggio (comprendenti contatti piuttosto distanti che segnalano donne come membri di un consiglio) e basate sulla professione e sulla propria comunità. Un'altra manager ha dichiarato che nonostante l'aumento delle società di *headhunting*, la maggior parte dei membri dei consigli di amministrazione vengono ancora scelti mediante reti di contatti interne.[7]

Diventare una "leader di pensiero"

Fatti due domande fondamentali.

Frequenti luoghi in cui incontrare le persone giuste?

Ti invitano mai in luoghi simili?

Se la risposta è no, ti consiglio di diventare un leader di pensiero. Non importa se sei all'inizio della carriera, puoi comunque risultare esperta in un ambito rilevante per quella che hai scelto e accertarti che tutti lo sappiano. Non ti sto suggerendo di annoiare la gente alle cene, ma magari di crearti un blog o di scrivere articoli per pubblicazioni di settore.

Quando dodici anni fa sono entrata nella società che alla fine ho acquistato, mi chiedevo come avrei potuto diventare un leader di pensiero nel mio campo. Ho trovato una rivista specializzata e ho provato a farmi affidare una rubrica. Alla fine l'hanno fatto: le riviste di settore sono notoriamente al verde e io mi ero offerta di collaborare gratuitamente. Avevo abbastanza esperienza (tenevo ormai da due anni la rubrica di Mrs Moneypenny) per provare che potevo gestirla e in più avevo fatto un paio di prove per garantire che non l'avrei usata semplicemente come occasione per pubblicizzare la mia società.

Nell'anno successivo ho scritto qualcosa ogni mese riguardo gli argomenti per i quali volevo farmi conoscere.

A distanza di dieci anni non so se lo rifarei.

Oggi creerei un sito, inserirei un commento settimanale e riempirei il resto dello spazio con link ad altri articoli rilevanti e notizie disponibili online. La cosa importante è avere delle prove, scritte e accessibili a persone rilevanti, tali da qualificarti come autorità nell'ambito che hai scelto. Poi magari potrebbero chiederti di parlare alle conferenze o di contribuire a un periodico.

Ti consiglio di prendere sul serio il fatto di diventare leader di pensiero e di farlo al meglio. Se sei all'inizio della carriera, ti suggerisco di prendere parte a qualche attività di ricerca e di realizzare delle pubblicazioni. Nel mio personale percorso di autopromozione ho studiato part-time per il dottorato (in Italia non è prevista una vera e propria opzione part-time per il dottorato di ricerca anche se molti studenti, soprattutto tra i non borsisti, riescono a conciliare ricerca e lavoro) e così mi sono ritrovata ad avere le risorse dell'università e molti potenziali co-autori con cui lavorare.

Ho presentato i miei risultati in diverse conferenze accademiche e nel 2008 ho anche contattato la Academy of Management che ha accettato un mio articolo per una delle sue pubblicazioni .

Partecipare alle conferenze mi ha dato l'opportunità di conoscere persone interessanti e di un certo rilievo... mi è capitato anche nella sala partenze di Heathrow, dove mi sono ritrovata vicino a un famoso personaggio della radio e della televisione. Ero stata nella sua trasmissione l'anno prima e avevamo chiacchierato a lungo, ma quando in un luogo chiuso qualcuno indossa gli occhiali da sole, puoi essere sicura che non è dell'umore giusto per approcci indesiderati.

Poi, a bordo del nostro aereo, mi sono trovata faccia a faccia con uno sceneggiatore nominato agli Oscar che occupava il posto alla mia sinistra, ma le sue uniche parole sono state per informarmi che avrebbe alzato il separé.

Cosa prevede il galateo in merito ai separé?

Bisogna chiedere al vicino se alzarlo lo infastidisce?

E se risponde di sì?

E se è l'uomo che hai sposato?

Eppure il separé si è alzato e io sono rimasta lì a chiedermi se emanassi cattivo odore (o, peggio, alitosi) o se non avessi un aspetto abbastanza glamour o intellettuale... improbabile, lo so, ma mai darlo per scontato.

Ho esaminato le mie letture per il volo:

- *Financial Times*
- *The Economist*
- *Air Law* di Jeremy Pratt
- *Powerbook* di Jeanette Winterson.

Questo ti dice un'altra cosa sulle pubbliche relazioni: quando sai di dover leggere dei libri in pubblico, accertati che sia qualcosa di consono alla tua posizione (vedi il capitolo 7 per ricordarti perché porto sempre con me una copia del *Financial Times*).

Non sai mai chi potresti incontrare.

Autopromozione al lavoro

È una cosa da fare in qualunque posizione ti trovi.

Con questo non intendo invitare a mettere in copia il capo in ogni email per dimostrare quanto si lavora, ma solo incoraggiare chi è all'inizio della carriera a fissare un incontro mensile con il proprio superiore. Da vedere non come un'opportunità per "mettersi in mostra", ma piuttosto come un momento per ricevere dei consigli o sottoporre il proprio operato a un controllo periodico. Ciò ti consentirà di ottenere un po' di tempo a tu per tu con il tuo responsabile, passando in rassegna i compiti che sei riuscita a portare a termine nelle quattro settimane precedenti.

Siamo tutti molto impegnati e se non stai attenta, al tuo capo potrebbe sfuggire qualcuno dei tuoi risultati.

Se ti sembra una cosa troppo intraprendente, guarda cosa fanno gli uomini!

In uno studio del 2011 su più di 100 donne con posizioni di rilievo nei servizi finanziari, molte di loro avevano l'impressione che gli uomini si facessero notare di più.

> Le manager hanno fatto l'esempio di uomini che sono alle loro dirette dipendenze, che trovano continue scuse per entrare nel loro ufficio per farsi vedere. Al contrario hanno parlato della necessità di insegnare alle dipendenti a rendersi più visibili all'interno dell'organizzazione.[8]

I consulenti di comunicazione della Steven Pearce Associates consigliano che quando ci si propone per una mansione, bisognerebbe sempre essere pronti a dimostrare le proprie credenziali, dicendo per esempio: "Sono stato in questo posto, ho fatto questa cosa e ho portato parecchio valore aggiunto".

Ti consiglio di preparare una relazione in seguito a ogni mansione svolta con successo. Così, dopo un anno, se vorrai cambiare ufficio o società, ti ricorderai nello specifico cos'hai fatto per apportare valore aggiunto. Dovresti anche considerare di spostarti tra le varie divisioni di un'azienda, soprattutto se questa è grande, per costruirti una posizione interna oltre che per acquisire esperienza.

Vai al di là del tuo "lavoro normale", lasciati coinvolgere nei vari eventi, nel marketing, nei progetti di investimento, negli impegni sociali dell'azienda e nelle iniziative di beneficenza. Cogli ogni opportunità, indipendentemente da quanto possa sembrarti insignificante o anche se ti sembra di non farcela.[9]

Aggiornare la gente che conta sui propri risultati

Un altro elemento chiave di qualunque campagna promozionale è il comunicato stampa.

Non ti sto suggerendo di inviare comunicati stampa su di te, ma di scrivere almeno una volta all'anno alle persone che potrebbero essere interessate a sapere cosa stai facendo, sottolineando i risultati ottenuti.

Questo vale soprattutto per chi potrebbe scriverti delle referenze in futuro. Niente è più fastidioso per un tutor universitario che sentirsi chiedere di scrivere le referenze per uno studente che si è laureato anni prima, scoprendo di non avere idea di ciò che ha fatto nel frattempo.

La cosa migliore per le persone ambiziose è scegliere una persona per ogni fase già conclusa della propria vita con la quale rimanere sempre in contatto.

Al termine dell'università potrebbe essere il tuo tutor o un professore che ti conosce bene. Alla fine di ogni lavoro che hai avuto, invece, potrebbe essere il tuo capo o qualcuno con cui hai lavorato a stretto contatto. A gennaio scrivi (o manda una email) a tutti raccontando il tuo ultimo anno dal punto di vista professionale, e anche personale se hai vissuto momenti particolarmente importanti (un matrimonio o la nascita di un figlio).

Spiega a ogni persona con cui hai deciso di restare in contatto perché sei interessato a farlo, dicendole per esempio: "Ti va di continuare a sentirci nel caso mi servano delle referenze in futuro?"

Investire regolarmente (una volta all'anno va bene, più di frequente può sembrare stalking) nella tua rete di riferimenti è una parte importante della tua autopromozione. Se dovessi aver bisogno di referenze in una particolare circostanza della tua vita e sono mesi che non invii l'aggiornamento annuale, quando scriverai per chiederle, aggiungi qualche informazione su cosa stai facendo al momento e sul motivo per cui vuoi candidarti per un particolare ruolo.

Esistono anche altri bacini naturali da cui attingere: i compagni delle superiori, del college, della business school.

Sei in contatto con tutti quanti?

Questo ci riporta al mondo di Facebook, visto che internet è uno strumento tanto importante quando si tratta di mantenere i contatti.

I forum delle scuole in cui hai studiato sono aggiornati su ciò che stai facendo attualmente?

Infine, non dimenticare il potere e il valore del nome degli istituti scolastici frequentati. Nel capitolo 1 dicevo che è bene sostenerli come investimento per il curriculum. Sono anche importanti occasioni per sviluppare una rete e continuare a essere PR di se stessi.

Mai farsi scoraggiare dai luoghi comuni

È vero che in questo mondo di giudizi sbilanciati (lui è "robusto", lei è "grassa"; lui è "uno che con le donne ci sa fare", lei è "una che va con tutti" e così via), le donne proattive possono essere etichettate in modo molto duro.

Non cadere vittima del cosiddetto "doppio vincolo" in cui le donne o si impegnano troppo e diventano prepotenti o sono troppo riservate e non chiariscono di voler partecipare al gioco.[10]

Daisy Goodwin, produttrice televisiva della BBC e scrittrice, ha esposto il problema.

> “Le donne con incarichi importanti sono qualificate con attributi peggiorativi come “stronze”, “passive-aggressive”, “irascibili”, “ormonali”, “rompipalle” e, peggiore di tutti, “pazze”... parole che non vengono mai, ma proprio mai applicate agli uomini [...] Le donne risultano “prepotenti” e gli uomini “potenti” [...] La passionalità percepita come visionaria negli uomini è ancora troppo spesso scambiata per isterismo nelle donne.[11]”

In questo capitolo ho cercato di farti capire l'importanza di essere PR di te stessa. Per quanto l'autopromozione possa risultare aliena a molte donne, è essenziale per avanzare nella carriera.

Le donne energiche rischiano di sembrare dure ed egoiste a meno che non riescano a infondere anche un po' di umanità. Un donna che comunica in modo altamente competente ma caloroso placa subito lo scetticismo sulle sue capacità e sulla sua piacevolezza e questo approccio è in grado di accrescerne l'influenza.[12]

Accertati quindi di dedicare il 5 per cento del tuo tempo a promuovere te stessa, ma fallo con calore e umorismo. Se ci metterai anche un po' della tua personalità, riuscirai a supportare la tua carriera con gli stessi risultati di un uomo.

COMPITI PER DONNE AMBIZIOSE

In qualunque fase della carriera

Il curriculum è il principale strumento per vendere te stessa, quindi accertati che sia aggiornato e pronto per essere inviato in qualunque momento, anche solo a scopo informativo se ti invitano a tenere un discorso.

Ecco i miei consigli per un curriculum perfetto.

Da fare:

- Scrivi il tuo nome in alto e i tuoi contatti sulla riga sottostante. Niente infastidisce un ipotetico datore di lavoro più di dover cercare in tutto il curriculum come contattarti.
- Se possibile fai in modo che occupi solo un foglio A4. Un curriculum è un resoconto della tua carriera, mentre i motivi per cui dovresti essere particolarmente adatta per una posizione dovrebbero essere sottolineati in una lettera di accompagnamento.
- Suddividi il curriculum in tre sezioni: "Istruzione" (incluse le qualifiche professionali), "Esperienza professionale" e "Ulteriori informazioni".
- Accertati di coprire ogni anno, perché i vuoti cronologici saranno notati e indagati.

Da non fare:

- Non intitolarlo "Curriculum Vitae": è ovvio che si tratta di questo.
- Non elencare i tuoi "interessi" scrivendo semplicemente: pallavolo, lettura, scrittura, cinema ecc. Si spera che tu abbia davvero una "terza dimen-

sione". In tal caso, spiega in cosa consiste e descrivi il tuo impegno. Per esempio "faccio parte di una squadra di pallavolo di serie C: L'Indomita" o "ogni mese scrivo un articolo per il giornale locale".

- Non inserire lo stato civile né quanti figli hai: non è rilevante per svolgere una certa professione e, se lo ritieni opportuno, puoi sempre dare queste informazioni durante il colloquio.
- Non usare un carattere bello ma illeggibile. Arial o Times New Roman vanno benissimo.
- Non fartelo scrivere da nessun altro, se non in bozza. Ai datori di lavoro piace vedere come tu presenti te stessa e non come lo fa qualcun altro.

Infine due parole sulle "presentazioni personali" che tanti inseriscono all'inizio del curriculum. Personalmente (e so che non tutti saranno d'accordo) le odio e non le leggo mai. Sono scritte da te come messaggio promozionale, quindi non hanno valore.

Per esempio:

> Mrs Moneypenny è una persona brillante e ambiziosa che possiede e gestisce un'attività di successo e scrive regolarmente per un quotidiano internazionale. Sarebbe un'ottima risorsa per qualunque organizzazione.

Qualunque altra cosa che non sia il curriculum vero e proprio dovrebbe finire in una lettera di presentazione o essere preparata dall'*headhunter* che ti promuove, se c'è.

CAPITOLO 10

DA SOLA NON PUOI FARCELA

Dire "Non ce la faccio" non ha senso!

È questo quello che dico alle ragazze delle scuole o dei college in cui tengo dei discorsi, nel tentativo di accrescerne le aspirazioni e la fiducia in se stesse e di infondere in loro lo stesso slancio che generazioni di uomini hanno avuto in passato.

Anche chi di noi non è più all'università da un pezzo non deve dimenticarlo. Può essere facile non ricordarselo mentre ci ritroviamo ad affrontare le sfide quotidiane della vita in ufficio e a casa.

Oggi per le donne è inammissibile dire "non ce la faccio". Tenendo a mente i dieci argomenti di questo libro, possono raggiungere il top, ma con un ammonimento. Per rendere accettabile l'espressione "non ce la faccio", bisogna aggiungere due parole, in modo che la frase completa diventi "Non ce la faccio *da sola*".

Birgit Neu, direttore operativo dello sviluppo aziendale della HSBC, dipende dal proprio team.

"I membri della mia squadra si impegnano al 110 per cento, anche in quelle che potrebbero sembrare mansioni ingrate... queste persone sono il motivo per cui mi alzo la mattina.[1]"

C'è anche un altro modo di guardare la cosa, quello proposto da Brian Tracy, autore di *Le 100 leggi fondamentali del successo nella vita e nel lavoro*: "Il lavoro di squadra è così importante che è virtualmente impossibile per una persona raggiungere il massimo delle proprie capacità o guadagnare le cifre cui aspira senza perfezionarsi nell'operare insieme".[2]

L'importanza di un team di supporto

Anni fa ho collaborato con un supplemento della rivista *Bazaar Magazine* inglese (ex *Harpers & Queen*). Riguardava le donne in carriera e ricordo benissimo la storia di Christian Rucker, fondatrice e Ceo di The White Company,[3] e in particolare la fotografia che illustrava l'articolo. Christian era vice editor della sezione salute e bellezza di una rivista quando le era venuta l'idea di creare una società che commerciasse per corrispondenza prodotti per la casa... tutti bianchi. A ventiquattro anni ha fondato The White Company.

Nel 2004 Christian diceva:

> “Gestire un'attività con quattro figli è come salire sulle montagne russe: un caos controllato. Penso però che il trucco sia circondarsi delle persone giuste. Quando ho avviato l'attività non avevo figli [...] È una cosa impegnativa, ed ecco perché mi servono persone fidate su cui contare; sono essenziali per far funzionare le cose [...] Senza di loro crolla tutto.[4]”

Allora (e forse anche oggi) Christian aveva un esercito di supporto formato da un'assistente personale, un servizio catering, sua madre, un interior designer, un istruttore di pilates, un parrucchiere, il direttore esecutivo di The White Company, una domestica, una babysitter e – last but not least – suo marito (direttore esecutivo della Charles Tyrwhitt, una società di vendita di abbigliamento per corrispondenza).

Le avevamo scattato una fotografia con la sua squadra e il risultato rendeva l'idea ancora più dell'elenco soprastante. Perché una sola donna potesse funzionare al meglio a capo di una società, ci volevano dieci persone che la aiutassero ogni giorno.

Oggi il team Rucker sarà ben più numeroso. Comprenderà l'intero staff di The White Company, i fornitori e i clienti. Perché una qualunque madre lavoratrice possa essere efficiente nella quotidianità potrebbero bastare dieci persone, ma ne serviranno molte di più per ottenere i risultati che la aiuteranno a realizzare le proprie ambizioni e, in alcuni casi, non le conoscerà nemmeno. Se The White Company fosse una società quotata, bisognerebbe aggiungere gli azionisti all'elenco di persone che sostengono Christian nelle proprie ambizioni, oltre a tutti quelli che li influenzano: gli analisti finanziari, i media e così via.

Ricordi la discussione sulle undici miliardarie cinesi nel capitolo 6? Queste donne sanno di non potercela fare da sole. Come ha scritto il *Financial Times*, combinando cura dei figli a basso costo e sostegno famigliare, le donne cinesi sono in grado di lavorare in media 71 ore alla settimana.[5]

Nel 2011 Sheryl Sandberg, direttore operativo di Facebook, ha tenuto il discorso per la cerimonia di consegna dei diplomi al Barnard College di New York e ha parlato dell'importanza di scegliere "un compagno di vita con cui condividere le responsabilità di casa".[6] Nonostante le donne siano per natura incaricate della maggior parte delle responsabilità familiari, è importante che, insieme ad altri aiuti, anche i loro compagni facciano parte della squadra.

Io di certo non ringrazio mai abbastanza Mr Moneypenny.

Ecco, allora: grazie! GRAZIE!

Come ampliare il proprio team sul lavoro

Forse esistono carriere in cui il successo dipende solo da te, ma non me ne viene in mente nessuna. Anche il più solitario scienziato di laboratorio ha bisogno dei tecnici e il più individualista degli scrittori ha bisogno dei lettori, degli editori – e anche dei critici – per sostenere la propria carriera e realizzare le proprie ambizioni.

Noterai che ho esteso il concetto di "lavoro di squadra" al di fuori della descrizione normalmente utilizzata, ben al di là dell'esiguo gruppo di persone con cui interagiamo ogni giorno al lavoro. Le donne di successo ammettono di avere bisogno di intere legioni di collaboratori.

Questo ci porta alla prima regola per costruirsi una squadra che sappia offrire il sostegno ideale.

Chiunque potrebbe essere utile

È un modo educato per dire ciò che le donne di successo sanno bene: attenta a chi calpesti nell'ascesa verso il vertice perché sarà sempre legato a qualcuno che poi dovrai compiacere.

Non applico questi valori perché sono una persona meravigliosa e comprensiva, ma perché danno risultati.

Quando nel 2010 il *Financial Times* ha chiesto a Barbara Stocking, Comandante dell'Ordine dell'Impero Britannico e dal 2001 Ceo dell'organizzazione non governativa Oxfam GB, "Qual è la tua regola d'oro?", lei ha risposto:

> "Attribuire a tutti lo stesso valore. Non modifico il mio modo di fare sia se parlo con il mio negoziante di fiducia sia se sono con il Segretario Generale delle Nazioni Unite.[7]"

Circondarsi delle persone giuste

La pietra angolare del successo dell'attività che gestisco sono le persone con cui lavoro. Chiedilo a qualunque donna di successo e ti dirà la stessa cosa.

Julie Diem Le, trentaquattro anni, era un chirurgo oculista prima di avviare, nel 2006, un'attività in proprio: Zoobug, azienda produttrice di occhiali da sole con lenti sicure per bambini. L'idea le è venuta quando non riusciva a trovarne un paio per la nipote che fossero sicuri e (cosa fondamentale) belli. Da allora la società ha fatto grossi passi in avanti: gli occhiali di Julie Diem Le sono ormai distribuiti in più di ventuno nazioni e per il 2012 sta lavorando a una linea sul tema olimpico.[8] Ha un unico consiglio da dare a chi vuole avviare un'attività: "Circondatevi delle persone giuste".[9]

Che tu gestisca una piccola start-up o un'azienda solida con uno staff numeroso, la regola vale comunque.

Ann Moore, ex Ceo di Time Inc., è convinta che

l'unica cosa difficile nel mondo degli affari sia trovare la persona giusta per la mansione giusta. "È questo il segreto" ha affermato alla conferenza annuale sulle donne in carriera della Wharton School "ed è abbastanza semplice".[10]

Andrea Jung, Ceo del gigante cosmetico Avon, dedica almeno il 25 per cento del tempo allo sviluppo e alla pianificazione del talento.

"Il talento è la priorità assoluta per un Ceo. Non si tratta solo di sviluppare intuizioni e strategie, ma di trovare le persone giuste.[11]"

Deanna Jurgens, vice presidente alle vendite (settore bevande, Stati Uniti) della catena Sam's Club è d'accordo.

"Il mio successo maggiore negli ultimi quattro anni è stato identificare, sviluppare e promuovere il talento della nostra squadra. I tuoi risultati dipendono dalle persone che hai con te e il nostro team è stato il più grande punto di forza e il vero vantaggio competitivo sul mercato.[12]"

Una buona squadra è essenziale per il successo di qualunque leader, uomo o donna che sia, ma per le donne è particolarmente importante, visto che già si sobbarcano gran parte delle responsabilità nella cura dei figli e della casa.

Promuovere le persone giuste

Nel maggio 2010 Ursula Burns è diventata la prima donna di colore a capo di una delle 500 società rientranti nella classifica annuale pubblicata dalla rivista

Fortune, come presidente e Ceo di Xerox. Era entrata nella società nel 1980 come stagista.

Ricorda che il suo mentore le aveva detto:

“Sei intelligente e hai una bella parlantina, ma se farai le cose da sola, per te sarà la fine. Per ottenere risultati, devi trovarti dei seguaci. Anzi, qualcuno che non ti segua soltanto, ma ti conduca da qualche parte. Devi rinunciare a stare al centro.[13]”

Di recente ho dato un'occhiata ai criteri che alcune aziende di servizi professionali usano per decidere chi, tra i dipendenti, sarà promosso ai ruoli più elevati della società. Ecco una prima lista.

L'ESPERTO
Professionista riconosciuto del settore.
Sviluppa e diffonde know-how.

IL LEADER
Capace di motivare, autorevole, entusiasta, rispettato e carismatico.

IL CONCENTRATO
Produce risultati, acquisisce lavoro per sé, per la sua squadra e per gli altri.

IL VISIONARIO
Guarda avanti e sa pianificare, scioglie i problemi, trova soluzioni e porta gli altri a un risultato.

IL RICONOSCIUTO
Visto come un'autorità dalle persone al suo stesso livello.

IL MENTORE
Capace di individuare, formare e coltivare le persone di talento. Abile nella scelta dei successori.

L'ICONA DEL MARCHIO
Appassionato. Proclama e vive l'ideale della cultura aziendale.

LO STRATEGA
Fortemente concentrato sugli obiettivi della società, non solo nel proprio settore.

Ed eccone altre tre.

SOCIETÀ CONTABILE	SOCIETÀ DI CONSULENZA AZIENDALE	BANCA D'INVESTIMENTO
Rapporto con i clienti	Apporto al cliente	Valutazioni
Abilità tecniche	Sviluppo risorse umane	Capacità di negoziato con i clienti
Abilità commerciali	Know-how	Abilità tecniche
Credibilità e capacità di comunicazione	Reputazione solida	Trasmissione di know-how e guida
Sviluppo proprio e degli altri	Sintonia con l'azienda	Formazione/ reclutamento
Miglioramento dell'azienda Innovazione e cambiamento Capacità di valutazione e decisionale Leadership Organizzazione		Leadership

La cosa interessante di questi elenchi è la scarsità di voci riguardanti nello specifico il capitale umano, come le capacità tecniche. La maggior parte parla invece di relazioni con gli altri nel senso di promuoverne lo sviluppo (reclutamento, formazione/addestramento, supporto) o di esercitare influenza su di loro (clientela, altre società, colleghi).

Guadagnarsi il sostegno degli altri

Forse molte lettrici penseranno di avere ambizioni al di fuori del settore dei servizi professionali. Ma diamo di nuovo uno sguardo alle due liste di prima: si può dire che evidenziano anche le qualità degli individui ai vertici di una società di ingegneria o di un'azienda di bevande.

Quindi come si fa a diventare abili nel formare e gestire una squadra?

Esistono quantità enormi di libri in materia, che non intendo certo imitare, anche perché sto cercando di dare consigli soprattutto alle donne.

Il mio suggerimento più importante, come ho già detto, è di identificare e riconoscere il contributo degli altri.

In genere le donne sono brave in questo.

Però non adagiarti sugli allori: solo perché sei una donna non significa che sarai automaticamente una team manager da Oscar.

Mostrarsi disponibili e incoraggianti

Temo che in tutto questo ci sia un lato oscuro.

Secondo il Ceo di sesso femminile (che lascerò anonima) di una grande società:

“Le donne possono essere terribili l’una con l’altra. Noi [donne] siamo grandi comunicatrici ma sappiamo anche essere arroganti, per quanto non ce ne sia bisogno. Sforziamoci di diventare più disponibili.”

L’anonimo Ceo, continua con un altro avvertimento: creare squadre efficaci non dovrebbe significare che si rimarrà legate ad esse – o al datore di lavoro – anche quando la loro utilità si sarà esaurita.

“Le donne sono troppo leali e la lealtà può compromettere l’esperienza.”

Forse gli uomini non finiranno sui giornali per essere stati perfidi con i membri della propria squadra, ma nemmeno mostreranno mai grandi inclinazioni al dare incoraggiamento. Un’eccezione è l’editor del *Financial Times*. Si prende il tempo di scrivere personalmente a chi fa lavori particolarmente buoni o a chi scrive pezzi eccezionali e di elogiarlo. Questo toglie tempo alle sue giornate piene di impegni, ma l’effetto è quello di guadagnarsi la lealtà del suo team, molto meglio che con qualunque ricompensa economica.

Dici “grazie” abbastanza spesso?

Anche ai colleghi al tuo stesso livello?

O ai tuoi subordinati?

O ai tuoi responsabili?

Coltivare l'autoconsapevolezza

L'autoconsapevolezza è un'altra pietra angolare per il successo di una squadra. Definisci in cosa sei brava – e in cosa lo sei di meno – e circondati di persone con punti di forza che completino i tuoi.

È più difficile di quanto pensi: se vuoi andare avanti devi fare in modo che il tuo successo venga riconosciuto (vedi capitolo 9), quindi può essere difficile accettare di non saper fare tutto. Qui, come in altri ambiti, la fiducia in se stessi è fondamentale.

Solo quando mi sono resa conto delle mie capacità in certi settori sono riuscita ad ammettere le mie mancanze in altri e a quel punto ho chiesto aiuto a persone ferrate negli ambiti in cui io ero debole.

Nei primi tempi in cui ero a capo della mia società mi ha molto influenzata Jill Garrett, allora direttore esecutivo della società di consulenza Gallup in Europa, che avevo sentito a un evento per manager. Aveva sottolineato che si potevano usare risorse (di tempo e denaro) per migliorare le capacità delle persone in ciò che non sapevano fare, o investire le stesse risorse in ciò che già sapevano fare bene, rendendole eccezionali.

Makgotso Letsitsi, direttore dei servizi di consulenza per la valutazione dei rischi della società di servizi professionali KPMG, afferma:

> “Devi capire quali sono i tuoi punti di forza e applicarli alla scalata verso il successo, invece di cercare di emulare quelli altrui.[14]”

Jill aveva detto anche qualcos'altro che all'epoca

avevo trovato molto interessante: se non ti attribuisci il giusto valore, finirai per darlo solo alle cose che riesci a misurare.

Se la tua società misura solo quanto fatturi, il denaro sarà l'unica cosa a cui tutti daranno valore.

Dopo aver sentito Jill, sono tornata in ufficio, ho eliminato il sistema di valutazione esistente e ne ho creato uno nuovo basato sul riconoscimento del contributo degli altri. Così ci siamo accertati di non farci sopraffare dalla cultura del guadagno, che non sarebbe andata a vantaggio dei nostri clienti.

Olivia Garfield, direttore delle strategie di gruppo di BT (British Telecom), crede nell'importanza di capire cosa motivi i membri della propria squadra per trarre il meglio da loro... e da se stessi.

“Conoscere la persona. La possibilità di motivare qualcuno che lavora per te a farlo bene e a dare il meglio è minima se non hai mai cercato di scoprire che ha due figli, di nome Luke e Charlie, e che hanno quattro e sei anni. Non è necessario sapere molto né diventare amici, ma devi farti un'idea di ciò che succede nella loro vita [...] Una volta compreso il lato umano delle persone che lavorano per te, potrai capire ciò che le motiva. Solo perché il denaro è una buona motivazione per uno, non deve per forza esserlo per l'altro. Più si avanza nella carriera e più c'è il rischio di parlare troppo e di non ascoltare abbastanza.[15]”

Nel conoscere gli altri, accertati di continuare a individuare i tuoi stessi punti di forza, di debolezza, le tue motivazioni e ambizioni. Se comunicherete tra di voi, la squadra funzionerà meglio e riscuoterà più successi, soprattutto se nel team ci sono individui che tendono a sfidarti o a contrastarti.

È un tipo di sviluppo su due fronti: ti ritroverai sempre in entrambi i ruoli, indipendentemente dalla fase della carriera in cui sei.

Giocare sui punti di forza

"Da solo non posso farcela" è lo slogan sbandierato dagli allenatori di calcio, dai cantanti pop, dalle organizzazioni di volontariato e dai manifesti per la chiamata alle armi che recitano "Il tuo paese ha bisogno di te!" (cioè non può farcela da solo). Ma è anche un principio essenziale per fare leva sui tuoi punti di forza e andare avanti.

Non seguire il consiglio ormai superato "lavora sui tuoi punti deboli"! Adotta invece queste semplici strategie.

- Assumi qualcuno che sia bravo dove tu non lo sei.
- Delega i ruoli che non ti piacciono a chi invece li svolge volentieri.
- Automatizza i processi ripetitivi.
- Subappalta le mansioni in cui non sei brava.

Per quanto ti impegnerai, è probabile che diventerai poco più che mediocre nelle attività per cui non sei portata. Continuare a lavorare sui tuoi punti deboli inoltre diminuirà la tua autostima, visto che ti concentrerai sulle tue mancanze.

Riconoscerli e affrontarli invece ti avvantaggerà rispetto agli uomini che, essendo estremamente competitivi, sono molto meno inclini a dare credito a qualunque debolezza.

All'inizio della carriera non avrai l'opportunità né i mezzi per delegare, ma puoi essere creativa e scambiare mansioni con altri per massimizzare l'efficienza.

Per esempio offriti di compilare la dichiarazione dei redditi di un'amica in cambio di una torta per il compleanno del tuo fidanzato.

Secondo l'interessante articolo di Marcus Buckingham pubblicato sulla *Harvard Business Review* intitolato "What great managers do", meno di due persone su dieci passano la maggior parte del tempo a rafforzare i propri punti di forza. Due sono le implicazioni che le donne possono usare a proprio vantaggio.[16]

- Primo: riconoscere le proprie debolezze e accertarsi di riuscire a spiegare come le si affronta. Ricordo quel che ha detto Susan Gilchrist, socio dirigente della società di comunicazione aziendale Brunswick negli USA, quando l'attuale marito, lo storico Andrew Roberts, al primo appuntamento le ha chiesto se sapesse cucinare. "No" ha risposto "ma posso permettermi il ristorante".
- Secondo: non sprecare risorse cercando di correggere i punti di debolezza delle persone più di quanto non sia necessario. Ricordatelo quando sarai a capo di un gruppo, investi invece nei loro punti di forza e la tua squadra otterrà risultati più rapidi di qualunque altra.

Tanti paesi al mondo – e tutte le più importanti istituzioni finanziarie, militari e intergovernative – non sono gestite solo da un Capo di Stato, Capo di Stato Maggiore, Segretario Generale o Ceo, ma da una squadra di ministri, consiglieri, vice e assistenti. Questa filosofia ha creato democrazie liberali funzionanti, ha portato a vittorie militari, ha sollevato paesi in via di sviluppo e ha rafforzato economie.

Lo stesso principio si applica a tutti i livelli di qualsiasi scala: sarai forte ed efficiente quanto le persone che ti circondano.

Non per niente Hillary Clinton, Segretario di Stato degli Stati Uniti, ha chiamato il proprio sito "Team Hillary Clinton".[17]

Negli sport professionistici, come il calcio o il basket, i giocatori che non sostengono i propri colleghi sono visti come elementi negativi e vengono spesso trasferiti. Negli affari e nello sport i compagni di squadra hanno un grande valore. "Chi si impegna insieme vince, sia che lotti sul campo contro la difesa avversaria sia che si confronti con i problemi della società moderna"[18] ha dichiarato Vince Lombardi, un allenatore di football americano il cui nome compare nell'Albo d'onore del campionato professionistico degli Stati Uniti.

Come ampliare il proprio team a casa

Le donne che lavorano, e soprattutto quelle con figli, avranno bisogno di ampliare il proprio team di supporto domestico oltre a quello lavorativo.

Ringraziare e ricompensare le persone che ci aiutano

Una delle cose che per me ha funzionato bene sono gli incentivi economici.

Ormai i tempi delle babysitter sono passati per me ora che Mr Moneypenny fa la parte del leone nella gestione dei figli, ma ho avuto qualcuno che mi ha aiutata con i bambini dal 1989 al 2010, per un totale di ventuno anni.

Quando assumevo le babysitter, davo loro un premio ogni sei mesi, uno dei quali era programmato per coincidere con quello che io ricevevo annualmente. Se se ne andavano durante quei sei mesi, il premio non veniva loro assegnato. Le ringraziavo spesso, mi ricordavo del loro compleanno, facevo dei regali a Natale e scrivevo loro dei biglietti quando facevano qualcosa di particolarmente eccezionale.

Come sostiene Catherine May (vedi capitolo 6), penso che il personale domestico – babysitter, governanti, autisti, cuoche e così via – dovrebbe ricevere una valutazione annuale, come qualunque dipendente sul posto di lavoro.

Per esperienza posso dire che se dedichi tempo e impegno alle persone, loro saranno felici di dedicare tempo e impegno a te.

Stabilire priorità chiare

Penso sia importante spiegare alle persone che lavorano per te quali sono le tue priorità.

Cosa devono *fare per forza*?

A tutte le babysitter che ho avuto, ho spiegato che se loro non venivano a lavorare, nemmeno io potevo andarci, e tutto questo avrebbe avuto ripercussioni serie su tante cose, tra cui la mia possibilità di offrire loro un impiego sicuro e ben retribuito.

Spiegavo che a meno che non stessero morendo di peste bubbonica (o altre patologie ugualmente infettive), o fossero state vittime di un incidente d'auto, io avrei avuto bisogno di loro. Non essere in perfetta forma non contava. Se si fossero sentite poco bene, avrebbero potuto venire sul mio divano a guardare soap opera con una tazza di camomilla, invece di stare a casa.

Ritengo l'affidabilità una caratteristica davvero importante nei miei aiuti domestici e ci tengo a chiarirlo subito nel dettaglio.

Accettare le cose "non proprio perfette"

L'incapacità di delegare frena tante persone e vale per entrambi i sessi, ma soprattutto per le donne.

Cresciamo convinte di dover brillare in così tanti ambiti – come studentessa, lavoratrice, fidanzata, amante, moglie e madre – che è difficile accettare un lavoro svolto meno bene di quanto avremmo fatto noi.

Eppure, occupandoti di tutto da sola, non riuscirai mai a realizzare le tue ambizioni.

Preparati ad accettare che le cose siano fatte all'80 per cento della perfezione, o anche al 75. Stabilisci cos'è più importante per te nei compiti che deleghi e spiegalo alle persone incaricate.

La microgestione ti ostacolerà sempre.

Fare appello ad altri genitori o ai familiari

Come molte sapranno, il "team" che permette a una madre che lavora di recarsi in ufficio va ben oltre gli aiuti retribuiti.

Fare amicizia con altri genitori a scuola può essere essenziale quando la babysitter è malata o in vacanza. (Sì, lo so, dovrebbe essere illegale per le babysitter ammalarsi o andare in vacanza, ma purtroppo succede.)

Costruire questa rete di sostegno è vitale.

Una mia collega, quando ha deciso di puntare sulla carriera, si è trasferita in un'altra zona di Londra per essere più vicina alla madre a alla sorella, perché sapeva che avrebbe avuto bisogno di loro per i figli.

Fare preventivamente delle cose per gli altri

Anche se non hai figli, ti servirà una rete di supporto: il tuo team.

Cosa mi dici del portiere del tuo palazzo?

O dell'idraulico a cui lasci le chiavi così da non dovere stare a casa quando si rompe la lavastoviglie?

Il modo migliore per costruirsi una rete è fare qualcosa per gli altri prima che loro debbano fare qualcosa per te. Il Natale, per esempio, può essere l'occasione giusta per stilare un elenco di chi ti ha dato una mano – non solo amici e parenti – e per inviare un piccolo dono o un biglietto.

I migliori compagni di squadra che io abbia mai "assunto" nel team Moneypenny quando lavoravo in una banca di investimento sono stati:

- la centralinista (perché sapeva sempre dov'erano tutti e come trovarli)
- il signore del catering a domicilio (perché quando avevo bisogno di lui faceva l'impossibile).

Gestire una squadra sul lavoro è oggetto di parecchie opere accademiche (vedi la sezione Risorse utili alla fine del libro), ma anche come fare parte di una squadra (accettando il tuo ruolo, facendo la tua parte, provocando e consigliando quando necessario) è un argomento molto gettonato dalla stampa di settore.

Le donne però hanno bisogno di costruirsi una squadra nel senso più ampio del termine – con dei "sostenitori" – ancora più degli uomini, perché noi abbiamo e avremo sempre bisogno di più aiuto se vorremo provare a gestire al tempo stesso una famiglia e le nostre ambizioni. Inoltre quando arrivi a una fase avanzata della carriera – che tu abbia figli o no – potrebbero essere i tuoi genitori ad avere bisogno di te.

Le donne di successo, come abbiamo visto nei capitoli precedenti, non possono riuscire a fare tutto, ma è necessario che lo facciano, perché (molto più degli uomini) tendono a essere le custodi della famiglia.

Per riuscire a fare tutto, però, devi garantirti il sostegno di altre persone. Vedi il capitolo 2 per i consigli su come costruirsi una rete di conoscenze e il capitolo 9 per come promuovere se stesse.

Entrambe queste attività ti aiuteranno a costruire quella "squadra" più ampia che ti serve.

Se sei ambiziosa, riuscirai a raggiungere gli stessi risultati di un uomo ma, proprio come un uomo, dovrai fare scelte, sacrifici e compromessi. Se sai quali sono e perché li stai facendo, sei già a metà dell'opera.

Il resto è una pura questione esecutiva che, per una donna, è molto più facile di quanto pensi.

Buona fortuna! E fammi sapere come va.

In qualunque fase della carriera

Sai lavorare in squadra?

Cerca di farlo sia in ufficio che fuori.

- Al lavoro alza la mano per aiutare i tuoi colleghi con i progetti extra o offriti volontaria per il comitato che si occupa di organizzare la partecipazione dell'azienda ai Recruiting day.
- Al di fuori del lavoro, entra in un'organizzazione no profit che ti permetta di collaborare con altri tipi di persone.
- A casa delega ai membri della famiglia e, se il budget te lo permette, considera l'idea di assumere qualcuno come aiuto domestico.
- Se non hai ancora scelto un compagno di vita, opta per un marito che ti sosterrà in casa come un socio.

All'inizio della carriera

Offriti volontaria per progetti, attività aziendali e no profit che ti esporranno al lavoro di squadra.

A carriera avanzata

Da fare:

- Impara a delegare ai colleghi di cui ti fidi.

- Assegna mansioni in cui non sei brava a tuo marito, ai tuoi figli e, se il budget te lo permette, alla domestica.

Da non fare:

- Cerca di non fare tutto da sola. Ricorda: le superdonne non esistono!

EPILOGO

Un ultimo consiglio.

Una considerazione finale alle donne ambiziose che leggeranno questo libro. Quando arriverete al top – e seguendo i miei suggerimenti, ce la farete – ricordate di voltarvi indietro e aiutare la generazione di donne dietro di voi.

Come ha detto Madeleine Albright: "C'è un posto speciale all'inferno riservato alle donne che non aiutano le altre".[1]

RINGRAZIAMENTI

La drammatica situazione economica degli ultimi anni per me ha avuto almeno un esito positivo. Lo sconosciuto istituto superiore che ho frequentato, fondato inizialmente per le figlie dei prelati, è fallito ed è stato assorbito da una scuola molto più famosa.

È molto meglio avere sul curriculum una scuola famosa che una sconosciuta. Quindi sono lieta di ritrovarmi, di default, una ex allieva della Roedean School.

Però è stata una "vera" ex allieva della Roedean, Anya Hart Dyke, ad aiutarmi più di ogni altro in questo libro. È un'assidua ricercatrice che ha fatto in modo di gestire instancabilmente il caos risultante dal fatto che la sua autrice avesse un impiego a tempo pieno, una trasmissione televisiva da condurre e una rubrica da scrivere, oltre a questo libro da portare a termine. Senza di lei non ce l'avrei mai fatta.

Grazie anche a Faye Wenman, che me l'ha presentata.

Diversi anni fa Jane Lunnon mi ha invitata all'istituto Prior's Field per parlare alle studentesse dell'ultimo anno del liceo. Nella disperata ricerca di un argomento, ho pensato di prendere spunto dalle dieci cose che io avrei voluto sapere a diciassette anni. Grazie quindi alle ragazze che mi hanno ascoltata in quella occasione e a tutte le altre che lo hanno fatto nelle successive. Le vostre domande mi hanno aiutata a dare forma a questo libro.

Jessica Seldon merita una menzione speciale per avermi aiutata ad avviare le ricerche prima di trovarsi un proprio impiego e anche Brenne Kennedy Herbert per essere intervenuta alla fine del lavoro offrendomi una prospettiva da oltreoceano.

Grazie anche al mio editor della Portfolio Penguin, Joel Rickett per avermi sempre incoraggiata e per avermi, in preda alla disperazione, fissato delle scadenze. E grazie al mio editor della Porfolio negli Stati Uniti, Jillian Gray, per avere avuto il coraggio di partecipare alla mia trasmissione senza nemmeno mai esserci viste prima.

Mentre mi avviavo alla conclusione Jon e Veryan Nield mi hanno aiutata ospitandomi a casa loro nella pace della Toscana e garantendomi buon cibo, babysitting e lettura di bozze per una settimana intera. Sono stati la squadra migliore che una donna ambiziosa potesse avere... vedi il capitolo 10.

Infine, Mr Moneypenny, i Centri di Costo n° 1, n° 2 e n° 3 e tutti i miei colleghi che hanno avuto a che fare con me ogni singolo giorno, si meritano un grande grazie. GRAZIE!

Last but not least, le donne i cui commenti e la cui carriera compaiono in queste pagine. Molte di loro sono mie amiche e molte altre non mi hanno mai conosciuta e non hanno mai sentito parlare di me, casi in cui forse dovrei mettere in pratica meglio quel che dico nel capitolo 9.

In ogni caso, grazie. Siete state tutte di grande ispirazione. Così come le decine di donne non citate... purtroppo avevo un limite di parole!

Nonostante tutto questo supporto e aiuto, le opinioni presenti in queste pagine sono mie.

NOTE

INTRODUZIONE

1. "Boardroom diversity is a must for firms, executives say", 24 febbraio 2011, BBC News Online, http://www.bbc.co.uk/news/business-12559189.
2. *Reinvent Opportunity: Looking Through a New Lens*, 4 marzo 2011 (pubblicato in occasione della International Women Day per promuovere il dialogo su temi importanti sulle donne che lavorano), Dublin, Accenture.

CAPITOLO 1: COSA CONOSCI

1. *Ambition and Gender at Work*, 2011, London, Institute of Leadership and Management.
2. "Women in business: The secrets of their success", 30 luglio 2011, *Telegraph*.
3. "Boardroom diversity is a must for firms, executives say", 24 febbraio 2011, BBC News Online, http://www.bbc.co.uk/news/business.
4. "Gail Kelly", Melbourne Business School, http://www.mbs.edu, 9 agosto 2011.
5. Leah Bourne, "Is business school right for you?", 9 febbraio 2011, Working Mother, http://www.workingmother.com
6. Sian Griffiths, "Does an MBA come with such a cachet that it is worth giving up your job to enrol on one?", 13 marzo 2011, *Sunday Times*.
7. Leah Bourne, "Is business school right for you?", *cit.*
8. "Getting your MBA: Overview", Forté Foundation, http://www.fortefoundation.org, consultato il 9 agosto 2011.
9. Widget Finn, "Flexibility key for women", 20 luglio 2010, *Guardian*.
10. Leah Bourne, "Is business school right for you?", *cit.*
11. "It isn't just for men in suits in the City", 7 aprile 2011, *Independent*.
12. Ibid.

CAPITOLO 2: CHI CONOSCI

1. Sylvia Ann Hewlett, "The real benefit of finding a sponsor", 26 gennaio 2011, blog della *Harvard Business Review*, http://blogs.hbr.org.
2. Neil Munz-Jones, 2010, *The Reluctant Networker: Giving You the Tools and Confidence to Give Networking a Go*, Blackminster, HotHive Books.
3. Lynda Gratton, 2012, *Il salto: reinventarsi un lavoro ai tempi della crisi*, Milano, Il Saggiatore.
4. *Past Perspectives; Future change. A Study into the Experiences of Senior Women in Financial Services*, 2011, London, Muika Leadership and Odgers Berndtson, pag. 22.
5. Alice H. Eagly, Linda L. Carli, 2007. *Through the Labyrinth. The Truth about how Women Become Leaders*, Boston, MA, Harvard Business School Press, pagg. 173-174.
6. Avivah Wittenberg-Cox, Alison Maitland, 2011, *Rivoluzione Womenomincs: perché le donne sono il motore dell'economia*, Milano, Gruppo 24 Ore, pag. 240
7. Katherine Bowers, "Secrets to climbing the career ladder", 25 gennaio 2011, Working Mother, http://www.workingmother.com.
8. "I'm a believer – how women can achieve managerial career success", 26 febbraio 2011, *Guardian*.
9. Catherine Hakim, "Have you got erotic capital?", 24 marzo 2010, *Prospect Magazine*.

CAPITOLO 3: NON È MAI TROPPO TARDI

1. "Grandma Moses is dead at 101: Primitive artist "just wore out", 14 dicembre 1961, *New York Times*.
2. Hannah Prevett, "35 Women Under 35: A vision of enterprise", 27 giugno 2011, *Management Today*, http://www.managementtoday.co.uk.
3. "Obituaries – Mary Wesley", 1 gennaio 2003, *Telegraph*.
4. "Extreme growing up", Age UK, http://www.ageuk.org.uk, 9 agosto 2011.
5. Tanya Kindersley, Sarah Vine, 2009, *Backwards in High Heels*, London, Fourth Estate, pagg. 60-61.
6. Monique Talitenu, Jill Wolfson, "An interview with Carol Bartz",

The Tech Museum, http://www.thetech.org, consultato il 9 agosto 2011.

7. Nora Ephron, 2006, *I Feel Bad About My Neck*, New York, NY, Knopf.
8. Jane Shilling, 2011, *The Stranger in the Mirror*, London, Chatto & Windus.
8. Jill Shaw Ruddock, *The Second Half of Your Life*, London, Vermilion.
9. Alex Prud'homme, "Mastering the Art of Julia Child", 20 agosto 2004, *New York Times*.
10. Marilyn Mellowes, "About Julia Child", 15 giugno 2005, Public Broadcasting Service, http://www.pbs.org.
11. "In pursuit of dreams: Our next 5 question challenge", Women at forty, http://www.womenatforty.com, consultato il 9 agosto 2011.
12. Suzanne Doyle-Morris, 2009, *Beyond the Boys' Club*, London, Wit and Wisdom Press, pagg. 51-52.
13. "Profile of a Champion Swimmer", http://www.francescahalsall.com, consultato il 9 agosto 2011.
14. Donald McRae, "Fran Halsall: 'My only bad dreams are where I forget my goggles'", 4 luglio 2011, *Guardian*.
15. "Life expenctancy", 30 settembre 2010, Office for National Statistics, http://www.statistics.gov.uk.
16. "The World Factbook – United States", 12 luglio 2011, Central Intelligence Agency, https://www.cia.gov.
17. Rebecca McQuillan, "Never too old to change career", 3 gennaio 2011, *Herald*.
18. Gina Bell, "How does she do it? Interview with Catriona Welsby of the Women's Online Business Academy", 3 novembre 2010, Institute for Aspiring Women in Business Online, http://www.iawbo.com.

CAPITOLO 4: È ORA DI DIRE NO

1. Kevin Leman, 2010, *Smart Women Know When to Say No*, Ada, MI, Revell.
2. Linda Babcock, Sara Laschever, 2003, *Women Dont't Ask: Negotiation and the Gender Divide*, Englewood Cliffs, NJ, Princeton University Press.

3. Susan E. Cross, Laura Madson, 1997, "Models of the self: Self-construals and gender", Psychological Bulletin, 122 (I), 5-37.
4. "Reporter feels the wrath of Madonna's publicist", 25 settembre 2010, *New York Post.*
5. Patricia Farrell, 2004, *How to Be Your Own Therapist: A Step-by-Step Guide to Taking Back Your Life*, Hightstown, NJ, McGraw-Hill Contemporary.
6. Cordelia Fine, 2011, *Maschi=Femmine: contro i pregiudizi sulla differenza tra i sessi*, Milano, Ponte alle Grazie.

CAPITOLO 5: NON SI PUÒ RIUSCIRE A FARE TUTTO...

1. Monique Talitenu, Jill Wolfson, "An interview with Carol Bartz", The Tech Museum, http://www.thetech.org, consultato il 9 agosto 2011.
2. Claire Vorster, "The real secret to having it all", 14 febbraio 2011, http://clairevorster.com.
3. Nicola Horlick, 1998, *Can You Have it All?*, London, Pan Books.
4. Daisy Garnett, "The truth about female stereotypes", 14 gennaio 2007, *Guardian.*
5. James Moore, "Helen Weir: From Marmite on toast to a budget hotel, it's back to basics in high finance", 12 gennaio 2008, *Independent.*
6. Britt Lintner, "About", http://brittlintner.com, consultato nell'aprile 2011.
7. Britt Lintner, "Britt's tip – a letter to my 18-year-old self", 23 aprile 2011, http://brittlintner.com.
8. Britt Lintner, "I'm hitting the pause button", 30 maggio 2011, http://brittlintner.com
9. *Past Perspectives; Future change. A Study into the Experiences of Senior Women in Financial Services*, 2011, London, Muika Leadership and Odgers Berndtson, pag. 11.
10. Daisy Garnett, "The truth about female stereotypes".
11. Monique Talitenu, Jill Wolfson, "An interview with Carol Bartz".
12. Cordelia Fine, 2011, *Maschi=Femmine: contro i pregiudizi sulla differenza tra i sessi*, Milano, Ponte alle Grazie, pag. 84
13. Sylvia Ann Hewlett, 2007, *Off-Ramps and On-Ramps. Keeping Ta-*

lented Women on the Road of Success, Boston, MA, Harvard Business School Press, pagg. 48-49.

14. Catherine Hakim, 2011, *Feminist Myths and Magic Medicine*, London, Centre for Policy Studies, pag. 9.
15. *Ambition and Gender at Work*, 2010, London, Institute of Leadership and Management, pag. 2.
16. "Laura Tenison: For the glass ceiling to be shattered, there needs to be a revolution at home", 14 agosto 2010, *Independent*.
17. *Past Perspectives; Future Change*, pag. 12.
18. "Sheryl Sandberg: Why we have too few women leaders", dicembre 2010, TED, http://www.ted.com.
19. Sangeet Asiva-Kumar, "Insight into an entrepreneur", 13 maggio 2010, *Nottingham Economic Review*, http://neronline.co.uk.

CAPITOLO 6: ... EPPURE SI DEVE RIUSCIRE A FARE TUTTO

1. Laura Craik, "London's supermum", 2 giugno 2011, *Evening Standard*.
2. Household Labour Force Survey, 2010, citato nella scheda informativa Gender Equality Duty, Government Equalities Office, http://homeoffice.gov.uk/equalities.
3. Alice H. Eagly, Linda L. Carli, 2007, *Through the Labyrinth. The Truth about how Women Become Leaders*, Boston, MA, Harvard Business School Press, pagg. 50-51.
4. Ibid.
5. University of Hertfordshire, "First concrete evidence that women are better multitaskers than men", 19 luglio 2010, *ScienceDaily*, http://www.sciencedaily.com.
6. David Glenn, "Divided Attention", 28 febbraio 2010, *The Chronicle Higher Education*, http://chronicle.com.
7. Christopher Hope, "Nick Clegg 'killing himself' trying to balance work and family", 11 luglio 2011, *Telegraph*.
8. Paula Szuchman, Jenny Anderson, 2011, *Spousonomics. Or how to maximize returns on the biggest investment of your life*, London, Transworld Publishers, pagg. 14-20.
9. "Nine business insights from Time CEO Ann Moore, plus the mix-and-match women", 30 novembre 2005, Knowledge@Wharton, http://knowledge.wharton.upenn.edu.

10. "Most powerful moms of 2010 in pictures", 29 dicembre 2010, Working Mother, http://workingmother.com.
11. James Leith, "It's a tough, man-sized job being a househusband", 5 luglio 2011, *Telegraph*.
12. David Prosser, "Angela Ahrendts: Exactly the right material", 28 maggio 2011, *Independent*.
13. Jon Birger, "Patricia Woertz, the Outsider", 2 ottobre 2006, *Fortune*.
14. Sian Griffiths, "Top women need 'him indoors'", 3 luglio 2011, *Sunday Times*.
15. Alice H. Eagly, Linda L. Carli, *Through the Labyrinth,* pagg. 52-54.
16. Virginia Bottomley: discorso in occasione del lancio di uno studio sulla diversità tra i sessi, 2011, Nomura, London.
17. Jenny Knott. Ibid.
18. Tanya Kindersley, Sarah Vine, 2009, *Backwards in High Heels*, London, Fourth Estate.
19. Patti Waldmeir, "Chinese dominate list of richest women", 12 ottobre 2010, *Financial Times*.
20. Ruth Klein, 2000, *Time Management Secrets for Working Women. Getting Organized to Get the Most Out of Each Day*, Naperville, IL, Sourcebooks Inc, pagg. 41-49.
21. Ibid.
22. Katherine Bowers, "Secrets to climbing the career ladder", 25 gennaio 2011, Working Mother, http://www.workingmother.com.

CAPITOLO 7: LA COMPETENZA FINANZIARIA

1. "Lady Gaga studies performance footage to improve", 30 maggio 2011, Star Pulse, http://www.starpulse.com
2. "Looking THIS wacky doesn't come cheap! Lady Gaga admits she went bankrupt after spending millions on tour costumes", 31 maggio 2011, *Daily Mail*.
3. Lancio inaugurale dell'Index of Financial Literacy sulla competenza finanziaria in Asia/Pacifico, 7 marzo 2011, MasterCard Worldwide, http://www.mastercard.com.
4. "My story: From minimum wage to millionaire mommy", Millionaire Mommy Next Door, http://millionairemommynextdoor.com, consultato il 9 agosto 2011.

5. Merryn Somerset Webb, 2007, *Love is Not Enough: The Smart Woman's Guide to Making (and Keeping) Money*, London, HarperPress.
6. Annamaria Lusardi, "Women and finance", 1 aprile 2010, *International Business Times*.
7. Annamaria Lusardi, Olivia S. Mitchell e Vilsa Curto, 2010, "Financial literacy among the young", *The Journal of Consumer Affaire*, 44 (2), 358-80.
8. Rachel Shields, "Debt is a feminist issue: Huge leap in bankruptcy among women", 25 luglio 2010, *Independent*.
9. T. Siegel Bernard, "Financial advice by women for women", 23 aprile 2010, *New York Times*.
10. "Women in Business: The Pepsi challenge", 17 agosto 2006, *Economist*.
11. "About us: Members", Business Roundtable, http://businessroundtable.org, consultato il 25 agosto 2011.
12. "One 2 One – Helen Weir FCMA, group finance director, Lloyds TSB", novembre 2006, Financial Management – Chartered Institute of Management Accountants, http://www.cimaglobal.com
13. Heather McGregor, "Routes to the top: Follow the money", 6 ottobre 2001, *Financial Times*.
14. "Chief financial officer Kimberly Ross to leave Ahold", 23 maggio 2011, Ahold, http://www.ahold.com.
15. *Key Facts and Trends in the Accountancy Profession*, giugno 2010, London, Financial Reporting Council.

CAPITOLO 8: LA TERZA DIMENSIONE

1. Royal Academy Schools Annual Dinner and Auction 2011, 9 marzo 2011, riportato sul sito della Royal Academy, http://www.royalacademy.org.uk.
2. "More women makes business sense", *Financial Times*, 7 dicembre 2010, YouTube.
3. Charles M. Marcus, "Eight ways to stand out from the crowd", Self Growth, http://www.selfgrowth.com.
4. Sue Leonard, "Stand out from the crowd", 13 settembre 2009, *Sunday Times*.

5. Susan Vinnicombe, Ruth Sealy, Jacey Graham, Elena Doldor, 2010, *Female FTSE Board Report. Opening up the Appointment Process*, Bedford, Cranfield University School of Management.

6. Jeff Green, "Women lose out on US boards as Europeans get quota help", 16 giugno 2011, Bloomberg News, http://www.bloomberg.com/news.

7. Vicki Owen, "Funds boss steps up a challenge to put more women in the boardroom", 20 febbraio 2011, *Financial Mail Women's Forum*, http://www.fmwf.com.

8. Board Watch, http://www.boardsforum.co.uk/boardwatch.html.

9. Peninah Thomson, Jacey Graham con Tom Lloyd, 2008, *A Woman's Place is in the Boardroom*, Basingstoke, Palgrave Macmillan, pag. 58.

10. Lord Davies, *Women on Boards*, 24 febbraio 2011, London, Department for Business Innovation and Skills.

11. Ibid., pag. 4.

12. *Consulation Document: Gender Diversity on Boards*, maggio 2011, London, Financial Reporting Council, pag. 3.

13. Ibid., pag. 4.

14. Sylvia Ann Hewlett, "Women on boards: America is falling behind", 4 maggio 2011, Bloomberg News, http://www.bloomberg.com/news.

15. *Brighter Boards for Brighter Future*, 2004, London, Department of Trade and Industry.

16. "Maya Angelou on Oprah", 14 agosto 2009, blog Dr Kashonia, http://www.kashonia.com.

CAPITOLO 9: ESSERE PR DI TE STESSA

1. Avivah Wittenberg-Cox, Alison Maitland, 2011, *Rivoluzione Womenomincs: perché le donne sono il motore dell'economia*, Milano, Gruppo 24 Ore, pag. 238.

2. Kelly Watson, "The four myths of self-promotion", 29 giugno 2010, *Forbes Woman*.

3. "Melanie Healey", 27 aprile 2009, Women Worth Watching, http://www.womenworthwatching.com.

4. Catherine Hakim, "Have you got erotic capital?", 24 marzo 2010, *Prospect Magazine*.
5. Vanessa Friedman, "Power dressers", 18 febbraio 2011, *Financial Times* Weekend Magazine.
6. Ibid.
7. Laura Jenner, Monica Dyer, Lilly Whitham, *2007 Catalyst Census of Women Board Directors of the FP 500: Voices From the Boardroom*, 2008, New York, NY, Catalyst, pagg. 23-24.
8. *Past Perspective: Future change. A Study into the Experiences of Senior Women in Financial Services*, 2011, London, Muika Leadership and Odgers Berndtson, pag. 13.
9. *Women in Professional Firms: Strategies for Success*, 2011, Bristol, Steven Pearce Associates.
10. Peninah Thomson, Jacey Graham con Tom Lloyd, 2008, *A Woman's Place is in the Boardroom*, Basingstoke, Palgrave Macmillan, pag. 51.
11. Daisy Goodwin, "We're too harsh on the bitchy boss", 27 marzo 2 011, *Sunday Times*.
12. Alice H. Eagly, Linda L. Carli, 2007, *Through the Labyrinth. The Truth about how Women Become Leaders*, Boston, MA, Harvard Business School Press, pag. 165.

CAPITOLO 10: DA SOLA NON PUOI FARCELA

1. "Birgit Neu", Britt Lintner, http://brittlintner.com, consultato nell'aprile 2011.
2. Samantha Chang, "Being a good team player can help your personal success", Single Minded Women, http://singlemindedwomen.com, 9 agosto 2011.
3. Emma Tobias, "The whites and wrongs of going it alone", 18 gennaio 2003, *Independent*.
4. Nel 2004 Christian diceva ... Senza di loro crolla tutto. Carrie Jackson, "So solid crew", ottobre 2004, *Harpers Business*.
5. Patti Waldmeir, "Chinese dominate list of richest women", 12 ottobre 2010, *Financial Times*.
6. Ken Auletta, "A woman's place", 11 luglio 2010, *New Yorker*.
7. Emma Jacobs, "20 questions: barbara Stocking, Oxfam", 17 giugno 2011, *Financial Times*.

8. Hannah Prevett, "35 Women Under 35: A vision of enterprise", 27 giugno 2011, *Management Today*, http://www.managementtoday.co.uk.
9. Rachel Bridge, "Boom or bust? Checking up on our three entrepreneurs", 25 maggio 2008, *Sunday Times*.
10. "Nine business insights from Time CEO Ann Moore, plus the mix-and-match women", 30 novembre 2005, Knowledge@Wharton, http://knowledge.wharton.upenn.edu.
11. Del Jones, "Avon's Andrea Jung: CEOs need to reinvent themselves", 15 giugno 2009, *USA Today*.
12. "The Complete Q&A's!", 11 gennaio 2010, *Celebrate Arkansas Magazine*, http://celebratearkansasmagazine.blogspot.com.
13. Ursula Burns, "A Conversation on Leadership", 3 marzo 2011, MIT World, http://mitworld.mit.edu.
14. "KPMG", Top Women in Business and Governement, http://www.businesswomen.co.za, consultato nell'aprile 2011.
15. "Profile – Olivia Garfield: A winning strategy pays off for a woman on her way to the top", 15 marzo 2011, *Yorkshire Post*.
16. M. Buckingham, "What great managers do", 1 marzo 2005, *Harvard Business Review*.
17. Team Hillary Clinton, http://www.teamhillaryclinton.com, 9 agosto 2011.
18. "Famous quotes by Vince Lombardi", http://www.vincelombardi.com, consultato il 9 agosto 2011.

EPILOGO

19. Madeleine Albright, 13 luglio 2006, discorso tenuto al "Celebrating Inspiration" in occasione del pranzo con i membri della All-Decade Team della Women's National Basketball Association (WNBA).

RISORSE UTILI

LIBRI

- Babcock, L. e Laschever, S., *Le donne non chiedono: perché le donne contrattano meno degli uomini negli affari, nella professione, nella vita privata*, Milano, Il Sole 24 Ore Pirola, 2004. Pubblicazione alquanto dettagliata che presenta in maniera accessibile le teorie che analizzano i motivi per cui le donne non sempre ottengono ciò che vogliono sul lavoro.
- Doyle-Morris, S., *Beyond the Boys' Club*, London, Wit and Wisdom Press, 2009. Ideale per le donne che lavorano in settori tradizionalmente maschili come quello scientifico e dell'ingegneria. Consiglia alle lettrici come partecipare ai giochi per arrivare in vetta.
- Eagly, A.H. e Carli, L., *Through the Labyrinth. The Truth about how Women Become Leaders*, Boston, MA, Harvard Business School Press, 2007. Pubblicazione accademica e particolarmente utile per quanto riguarda il mantenimento dell'equilibrio lavoro-famiglia.
- Fine, C., *Maschi = Femmine. Contro i pregiudizi sulla differenza tra i sessi*, Milano, Ponte alle Grazie, 2011. Una fantastica descrizione di come maschi e femmine, già da piccoli, vengano educati a svolgere ruoli prettamente maschili e femminili.
- Gratton, L., *The Shift: The Future of Work is Already Here*, London, HarperCollins, 2011. Testo utile ed esaustivo sull'importanza delle reti di conoscenze.
- Hewlett, S.A., *Off-Ramps and On-Ramps. Keeping Talented Women on the Road to Success*, Boston, MA, Harvard Business School Press, 2007. Utile per trovare soluzioni nel caso la nascita di un figlio danneggi la carriera di una donna, con consigli per i datori di lavoro sull'assunzione di personale femminile.
- Kindersley, R. e Vine, S., *Backwards in High Heels*, London, Fourth Estate, 2009. Un libro di facile lettura, divertente e vivace, concentrato sulla moltitudine di cambiamenti che devono affrontare le donne nel mondo d'oggi.

- Klein, R., *Time Management Secrets for Working Women. Getting Organized to Get the Most Out of Each Day*, Naperville, IL, Sourcebooks Inc., 2000. Una guida passo per passo, facilmente comprensibile, su come fare più cose in meno tempo. Nonostante la presenza di qualche aneddoto, è un libro ricco di consigli pratici.
- Munz-Jones, N., *The Reluctant Networker. Giving you the Tools and Confidence to Give Networking a Go*, Blackminster, HotHive Books, 2010. Fantastici consigli sull'uso dei social network.
- Tarr-Whelan, L., *Women Lead the Way. Your Guide to Stepping Up to Leadership and Changing the World*, San Francisco, CA, Berrett-Koehler Publishers Inc., 2009. Ottimo per smontare i miti intorno alla leadership e sulla necessità di un cambiamento strutturale. Ricco di consigli su come raggiungere i propri obiettivi.
- Thomson, P., Graham, J. e Lloyd, T., *A Woman's Place in the Boardroom*, Basingstoke, Palgrave Macmillan, 2008. Dettagliate e utili intuizioni sulla sfida di inserire più donne all'interno dei consigli di amministrazione.

ARTICOLI

- Hewlett, S.A., Peraino, K., Sherbin, L. e Sumberg, K., "The sponsor effect: Breaking through the last glass ceiling", *Harvard Business Review*, 12 gennaio 2011. Analizza l'importanza degli sponsor per raggiungere i livelli più alti e i motivi per cui le donne non riescono a stabilire questo tipo di relazioni.

NEWS E RICERCHE

- Catalyst – http://www.catalyst.org
- ForbesWoman – http://www.forbes.com/forbeswoman
- Harvard Business Review – http://hbr.org
- Institute for Leadership and Management – http://www.i-l-m.com
- Prowess – http://www.prowess.org.uk
- School of Management, Cranfield University – http://www.som.cranfield.ac.uk

NETWORK, CONSULENTI E RISORSE VARIE (REGNO UNITO, EUROPA E STATI UNITI)

- City Women – http://www.citywomen.org. Un longevo club inglese esclusivamente femminile e selettivo con circa 200 membri. Si rivolge alle donne con ruoli professionali di spicco, promuovendo il sostegno reciproco e invitando all'amicizia tra pari.
- Every Woman – http://everywoman.com. Una risorsa online per donne in carriera e imprenditrici. Offre formazione e consigli professionali e conta 40.000 membri.
- 100 Women in Hedge Funds – http://www.100womeninhedgefunds.org. Attivo sia nel Regno Unito sia negli Stati Uniti. Raccoglie fondi da investire nell'istruzione di settore, ma non è necessario essere coinvolti nell'ambito degli hedge fund per iscriversi.
- Institute of Directors – http://www.iod.com. Offre sostegno in tutti gli aspetti della vita professionale con consulenze in ambito lavorativo e sui servizi di sviluppo professionale a uomini e donne in ogni fase della carriera.
- London Chamber of Commerce and Industry – http://londonchamber.co.uk. L'iscrizione comporta l'accesso a un vastissimo bacino di informazioni professionali di grande importanza, oltre ad aggiornamenti quotidiani sugli eventi legati al mondo del lavoro con l'opportunità di crearsi una rete di contatti.
- Managers and Directors – http://www.managersanddirectors.co.uk. Una rete strategica con lo scopo di sostenere, consigliare e ispirare i manager nella loro funzioni e performance, offrendo possibilità di crescita futura per uomini e donne.
- Sapphire Partners – http://sapphirepartners.co.uk. Si occupano di inserire le donne nei consigli di amministrazione e in posizioni di rilievo, privilegiando la flessibilità.
- The Women in Business Network – http://www.wibn.co.uk. Conta 1.100 membri, solo donne, divise in piccoli gruppi in tutto il Regno Unito. Utile per chi svolge un'attività in proprio e per chi occupa posizioni nel management aziendale.
- The Women's Business Clubs – http://www.thewomensbusinessclubs.com. Riservato alle donne, conta 30.000 membri in tutto il Regno

Unito. Gestisce club ed eventi per le donne in carriera a tutti i livelli.

- The Women's Business Forum – http://www.thewomensbusinessforum.co.uk. Fondato nel 2010, questo network di portata europea si rivolge a uomini e donne in ogni fase della carriera. Cerca di invitare i leader professionali presenti e futuri a collaborare con lo scopo di raggiungere una rappresentanza equa di entrambi i sessi nel mondo del lavoro.

ALTRO

- Finance Talking – htttp://www.financetalking.com. Specialisti in formazione finanziaria rivolta a chi non è del settore.

Miuccia Prada